出版人に聞く 7

# 営業と経営から見た
# 筑摩書房

KIKUCHI Akio

菊池明郎

論創社

営業と経営から見た筑摩書房　目次

**第Ⅰ部**



**第Ⅱ部**

# 営業と経営から見た筑摩書房

インタビュー・構成　小田光雄

# 第Ⅰ部

# 1　前口上

――この「出版人に聞く」シリーズも七冊目となりますが、今回は筑摩書房の菊池明郎さんにお越し頂きました。

菊池さんに、シリーズ登場をお願いしたところ、お忙しい中を快諾して頂き、こうしてインタビューできることをとてもうれしく思います。

**菊池**　いや、こちらこそ。

――これは読者もそう思っているでしょうし、出版業界の人々も同様だと考えられますので、どうして菊池さんがこのシリーズに出てもいいと判断したのかを、まず単刀直入にお聞きすることから始めさせてもらいます。

**菊池**　そんな大げさな判断とか決心といったものではないですよ。たまたまいくつかの出来事が重なったことがあり、それがこのシリーズとも関連していたからですね。

――それらを具体的にいいますと。

**菊池**　やはりこの三月に『筑摩書房　それからの四十年　1970―2010』（以下数字を略す）

を刊行したことがきっかけになっています。
ご存知のように筑摩書房は一九七八年に会社更生法を申請し、事実上倒産したわけです。それから九一年に更生計画が終結し、九九年に私が社長になりました。それから十二年在任し、今年ようやく編集担当の専務の熊沢敏之にバトンタッチできることになりました。社史の刊行と社長交替は筑摩書房にとっても私にとっても、記念すべき一区切りだし、社史に盛りこめなかった話も多くあるので、この機会に話しておくべきかもしれないと思ったわけです。

―― では私のオファーがグッドタイミングだったんですね。

**菊池** それにこのシリーズには注目していたし、三月に出た『再販/グーグル問題と流対協』を、緑風出版の高須さんから送られ、書協と消費税問題に関しては私も当事者だったから、彼とは異なる視点と結果を述べておくべきだと感じたこともありますね。

―― なるほど、偶然とはいいながらも、『筑摩書房 それからの四十年』と『再販/グーグル問題と流対協』はほぼ同時に出ていますし。

**菊池** 私が社史を高須さんに送ったのと、高須さんがそれを送ってくれたのは本当に同時でした。双方ともまったく意図していたわけではなかったでしょうけれども。

## 2 消費税問題

――ちょっと唐突なんですが、最初に高須さんとは異なる消費税問題の一件が出ましたので、ついでにそれにふれて頂けませんか。

このインタビューは筑摩書房のことに終始したいと思っていますし、後になると言及を忘れたり、挿入する箇所を見つけられないかもしれませんので。

**菊池** 最初の消費税三%の時は確かに大手出版社が主導し、内税に決まってしまいました。それはどうしてかというと、今後消費税率が上がることがあっても、出版物は変更がないから大丈夫だとの観測があり、いつの間にかそれが既成事実のようになってしまったことに尽きるわけです。

――それは雑協や書協も含めて、大手出版社の共通の見解だったわけですか。

**菊池** いや、大手出版社ばかりでなく、日書連の中枢の人たちも同様の見解でしたから、我々もそんなことはないはずだと思っていたけれど、結局のところ押し切られてしまったのです。

――でもそのような見解に何ら根拠も裏づけもなかったことが五％に上がった時に明らかになってしまった。

**菊池**　そう、そら見ろということになっちゃったわけです。それで五％の時には我々も絶対に外税しかないと主張し、ようやく外税の結論にこぎつけました。三％の内税をめぐって、筑摩書房も大変な思いをしましたからね。

ちくま文庫も創刊五年目に入り、刊行点数や在庫も増えていたし、内税表示になったことで、書店在庫の総入れ替え、倉庫の本のカバー替えやシール貼りなど、とんでもない労力や手間隙がかかり、こんなことを二度と繰り返すことはできないと骨身に沁みました。だから五％になった時に絶対に内税は認められないと主張したわけです。

――菊池さん、ここで消費税導入をめぐる当時の出版業界の状況を示しておいたほうがいいと思うんですが、どうでしょうか。よく考えれば、これは一九八九年のことで、すでに二十年ほどが過ぎ、それらの事情を知らない世代も増え、また歴史的事実ともなっていますから。

**菊池**　そうですね。筑摩書房にももう消費税導入以前の出版業界のことを知らない世代が入っているのですから、その歴史的事実をまず確認しておいたほうがいいかもしれないですね。

## 3 消費税と出版業界

――それでは簡略に消費税導入の経緯と出版業界の関係をたどってみます。消費税と出版業界の問題は八七年に端を発していて、自民党から出された売上税に対して、雑協、書協、取協、日書連のいわゆる出版四団体は売上税対策特別委員会を組織し、日書連は売上税粉砕全国書店総決起大会を開くなどして、出版業界あげての反対運動を繰り拡げ、廃案に追いこんだ。

ところが八八年の売上税を引き継いだ消費税問題にあっては、日書連が売上税と同様に消費税粉砕全国書店総決起大会を開いたことに比べ、雑協、書協、取協の反対運動への組織的な取り組みは見られず、売上税のような出版業界揃ってのものとならなかった。そして年末に自民党が強行採決に及び、消費税導入が決まってしまった。

そのような消費税をめぐる出版業界の経緯と事情があったがために、出版社、取次、書店の業界三者も一致した見解が出されず、混乱状態のままで八九年を迎えてしまった。この「出版人に聞く」シリーズで、現代出版史についてよく参照している出版ニュース社編『出版データブック1945〜1996』の八九年のところを見てみると、同年の「10大ニュース」の1が「出版物に消費税導入、対応に振り回された出版界」とあり、次のように説明されています。

八九年四月一日消費税が導入され、以後出版界は混乱し、またその影響で全体的に低調に経過した一年であった。

導入にあたって、内税か外税かの論議が行われたが、「内・外」混在でスタートした。基本的には「内税」方式を業界は選択したが、それをめぐって出版社、取次会社、書店それぞれの利害があらわれ、新定価表示、取引基準についても論議が継続された。

新価格表示は例えば定価一〇三〇円（本体一〇〇〇円）となっており、また三月末以前の旧定価本は店頭で三％の消費税分を徴収することになった。しかし導入によって、一円単位の端数がでたり、店頭での計算ミスなどでの混乱があった。出版社は新定価表示のために、カバーの取り替えやシールの貼付などに莫大な経費を強いられた。取次では、返品がまちがって新定価で入ってくるために、その検品に経費をかけざるをえなかった。

書店では、重版商品の遅れ、新刊入荷の減少などで販売チャンスを逃すなどで売上減になった。いずれにしても、消費税に振り回された出版界であった。

これに続いて九四年に消費税が五％になることが決定し、先の菊池さんの外税に関する発言につながっていくわけですね。

**菊池**　そうです。八九年の混乱の背景には再販と消費税をめぐる問題もあったわけで、これも今になってみれば、それぞれの立場での思いこみが先行していたと判断するしかないですね。

――その問題を詳細に論じていると前へ進めませんので、別の機会にゆずることにしまして、菊池さんたちの主張が通り、外税五％で決まった。それに対して、総額表示のことで財務省も出てきたと聞いていますが。

## 4　消費税スリップ坊主表記

**菊池**　外税表記問題は主として公正取引委員会（以下「公取委」と略す）と書協との間で

協議され、固まっていきました。その次に総額表示のことについて、財務省が出てきました。当時の財務省の要請があり、税込総額を消費者がすぐにわかるようなところにつけてほしいといってきたのです。それで財務省と掛け合い、やりとりを重ねるうちに、ひとつの方式が浮かび上がってきました。それはスリップの坊主のところに総額表示を示すことでした。

具体的にいいますと、スリップの坊主のところに「定価1050円5％税込」と入れるのです。財務省の要請はどこかよくわかる一カ所に総額表示をというものだったので、この案を提示すると、それでいいとなりました。財務省も出版業界が書籍の消費税表記のことで大変なことはわかっていて、この方式を認めてくれました。

この税率も含んだ総額表示に加えて、スリップの下の部分の定価表記のところに「本体1000円」と入れれば、税率が上がっても対応できるわけです。どうせ、ヨーロッパのように軽減税率ということはほぼありえないだろうし、日本の政治家も出版物に対する理解はないだろうから、五％が七％になり、一〇％になることも目に見えています。でもこの方式であれば、そうなっても大丈夫です。それを書店にも説明して、何とか了承してもらいました。

――その方式は他の出版社の賛同を得たわけですか。

**菊池**　財務省との交渉に携わっていた専門委員会代表は講談社、小学館、筑摩書房、それから税に詳しい税務経理協会でした。財務省は筑摩書房が中小出版社の代表、講談社と小学館が大手出版社の代表だと見なしていました。そのうちの筑摩書房と講談社はこの方式を採用することで意見が一致しました。ところが小学館は賛同してくれなかったのです。何でなのかはよくわからなかったのですが、それでも財務省は小学館に関して、じっくり考えてくれればいいし、書協の大部分の出版社がその方式を採用してくれれば、それでOKだということになりました。

もちろん高須さんの『再販／グーグル問題と流対協』の中で語られている公取委への消費税定価訴訟もわきまえていたけれども、とにかく消費税五％を含んだ総額表示に移行する際に、最も被害が少ない方式で乗り越えることを最優先すべきだと思いました。

財務省は消費税法改正にあたって、全商品に消費税込の総額表示を義務づけました。だから書籍だけが外税で、総額表示をしないとつっぱねることは法的にも現実的にもできないわけです。

ただ小学館の例にあるように、一斉にというわけにはいかなかったにしても、その後二年ぐらいうちにかなり多くの出版社がこの方式を採用するに至っています。

――私はうかつにも菊池さんからこの話を聞くまではスリップの坊主への総額表示方式を知りませんでした。あらためて『筑摩書房　それからの四十年』と『再販／グーグル問題と流対協』のスリップを見てみると、確かにちがいますね。

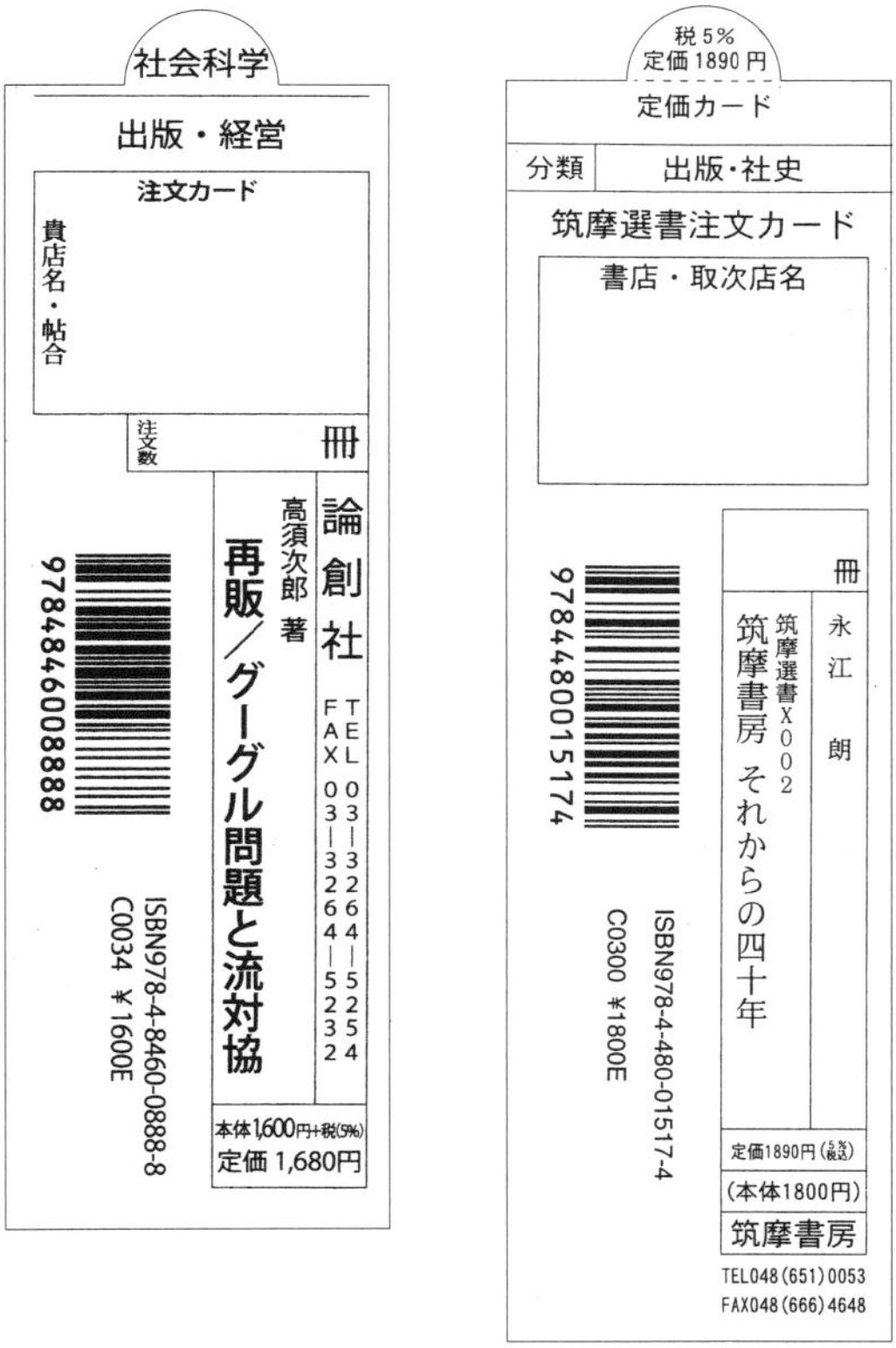


図『筑摩書房　それからの四十年』スリップ
『再販／グーグル問題と流対協』スリップ

でもこの坊主のところへの総額表示で、出版業界のアリバイ工作をすませ、財務省の面子も立たせたと判断するならば、最も経費もかからず、その後の対応にも様々に汎用できる方式だったかもしれませんね。

**菊池**　そう、これは我々のファインプレーだったと思いますし、私が出版業界に残せたたった一つの手柄だったんじゃないかと秘かに自負しているくらいです。

総額表示を帯に入れた場合には帯がとれてしまうことが多いし、カバーに入れれば、税率が変わった時に刷り直すか、シールを貼らなければなりません。奥付表記というのはすぐにわかる場所ではないですね。そのように色々と検討していって、やはりスリップしかないという結論になりました。スリップはかならず書籍には入っているし、書店のレジで抜かれるし、なくなった場合でも、出版社からの出荷時にはまた入れるし、取次流通はともかく、出荷と販売には欠かせないものです。それに読者にも一目でわかります。そのような説明で、財務省も納得するに至ったわけです。

――それで今では流対協の表示方式は別として、書協の出版社の足並みは揃っているんですか。

**菊池**　大半の出版社がそうなっていると思います。ただ我々はこれを強制するつもりはないですが、先ほどの論創社と筑摩書房のスリップを比べた場合、読者や書店にとっては総額表示がすぐにわかるのは筑摩のスリップのほうであることは歴然でしょう。一目で見える見えないのちがいですかもしれません。

――なるほど、聞いてみないとわからない。ひとつ勉強になりました。要するに今ではスリップの坊主のところに総額表示が入っているのが主流であり、それは菊池さんたちが考え、推進した方式ということになる。このような証言も残しておかないと、この方式がどのように、どこから始まったのか、まったくわからないままに処理されてしまいますから。

**菊池**　それはいえるかもしれません。

## 5　コミックと筑摩書房

――さて、この「出版人に聞く」シリーズのイントロダクションとしては変則的な始まりになってしまったついでに、菊池さんは今でもコミックの読者であり続けていると聞いていますので、そこら辺のこともうかがっておきましょうか。

コミックと筑摩書房はダイレクトに結びつかないかもしれませんが、一九六九年から七一年にかけて出された第一期、二期の『現代漫画』は私たちの世代にとって特に記憶に残っているシリーズでしたし、私がつげ義春をまとめて読んだのはこのシリーズに収録されていたからです。この『現代漫画』は創業五十周年刊行の『筑摩書房図書総目録１９４０〜１９９０』を確認してみますと、第一期、二期合わせて全三六巻に及び、漫画全集の試みとしては最初期の企画に属するものだと思います。

菊池さんはこれが刊行中の頃に入社されていたんでしょうね。

**菊池**　私は七一年入社だから、『現代漫画』の第二期刊行中じゃなかったかな。これに続いて『少年漫画劇場』全一二巻が出たことはよく覚えています。それから八七年に『現代まんが全集』が企画されましたが、こちらは残念なことに三冊出しただけで中絶してしまいました。九〇年代になってもコミック出版はやまだ紫、滝田ゆう、杉浦茂、つげ義春などの漫画館や全集、それからちくま文庫へと引き継がれていくけれども、『現代まんが全集』が完結していれば、もっと多くのコミックが出されていただろうと思います。

――　このことを最初にお聞きしたかったのは筑摩書房の従来の社長の場合、会社更生法以後も戦前の生まれで、コミックとはほぼ無縁だったこと、それからこれは『現代漫画』

が売れたことに対して、創業者の古田晁の言葉として語られている「俺は、こんなものを出すために、筑摩を作ったんじゃない！」という述懐に象徴されている出版パラダイムに比べ、菊池さんを始めとする戦後生まれの社員たちが異なる立場にいたこと、そういった要素がそれこそ筑摩書房の「それからの四十年」を支えたのではないかと思われるからです。

**菊池**　確かにコミックをはさんでみると、第一の社史『筑摩書房の三十年』と今度の社史『筑摩書房　それからの四十年』のコントラスト、世代交替などが浮かび上がってくるのではないでしょうか。

――そうでしょう、だからコミックは出版社にとっても編集者にとっても、ひとつのリトマス試験紙のようなものなんです。とりわけ日本の戦後の出版業界の場合、コミック、あるいはコミック的なものを抜きにしては語ることができない。だから創業者の言葉はともかく、筑摩がコミックのラインを取り入れたのは正解であり、先駆けていたと思っています。

それに私たちのような戦後世代は少年漫画誌とともに成長してきた。それも最初は月刊誌でした。

## 6　戦後世代とコミック

**菊池**　それは我々の時代の特徴で、『冒険王』『少年画報』『少年』などがあって、『鉄腕アトム』『鉄人28号』『赤銅鈴之助』『まぼろし探偵』もそれらに連載されていました。

――その後で週刊誌の『少年マガジン』や『少年サンデー』が創刊され、コミックも週刊誌の時代に入っていく。

**菊池**　あれは一九五九年、昭和三四年じゃなかったかな。小学生の時でした。でも児童書ではなくて、漫画から入っていったのは正解だったような気がします。

――それは同感ですね。いま思うと笑っちゃうんだけど、当時は漫画を読むことはいけないといわれ、学校に持ってくることも禁止されていました。

**菊池**　そうなんですよ。だから隠れて読んでいました。それほど面白かったわけで、漫画によってストーリーの面白さをたたきこまれたという気がします。それが長ずるにしたがって、活字に置き換えられていったのです。

それからよかったのは読書感想文を書けという時代ではなかったことで、かえってこれが健全だったと思いますね。

―― 漫画だって感想文を書けなんていわれたら、まったく面白くなくなる。

**菊池** 外国では子どもを本嫌いにするのは感想文を書けというからだとの説もあるらしいのです。

いつ頃から始まり、定着したのかは調べていないけれど、小学校では子どもに本を読ませることに力を入れ、それを学校図書館協議会がバックアップし、地方交付税などによって図書予算を増やし、学校図書館を充実させる動きが続き、それら一連の活動の中核に読書感想文コンクールがありました。さらに「朝の十分間読書」という運動も広まっていきました。このうちの「読書感想文コンクール」が果たしてよかったのかどうかが問われているんじゃないだろうかと思います。

我々の時代と異なり、学校図書館だけでなく公共図書館のことを考えても、絵本や童話、児童文学を手軽に読むことができるし、コミックだってふんだんにあります。だから自由に読ませれば、コミックがそうであるように、面白い本を次々と見つけ、それなりに読んでいくと思います。ところが読むだけでは駄目で、感想文を書けという。その対象と見なされる課題図書や推薦図書もこの頃はもう売れなくなってきています。そろそろこういうことを見直すべきかもしれませんね。

――指定された本を読むことは管理された読書だから面白いわけがない。

**菊池** そう、当然のことながら面白くない。本が持っている本当の面白さが疎外されてしまうから。ただその本の内容についての感想を語ったりするのはいいと思う。でも感想文を書けというのはちがっているんじゃないかな。大学生になっても読書習慣が身についていないのは小学校からの読書教育が間違っているようにも思えてくるわけです。もっともこちらも「ちくま少年図書館」や「ちくまプリマーブックス」では課題図書や推薦図書で助けられているので、あまり大きなことはいえないですけど。

## 7 本を読まない人は漫画も読まない

――しかしこの頃では学校のコンピュータ化によって、学校図書館自体が蔵書を含めてひどい状態になっているらしい。その一方で朝の十分間読書というのが広まっているわけだから、ものすごくアンバランスな構図です。読書教育を推進しながらも、学校図書室には読むべき面白い本も揃っていないという現実に直面しているようです。

この問題はまた後でふれることにして、コミックに話を戻しますと、菊池さんは今でも『ビッグコミック』と『ビッグコミックオリジナル』を読まれていると聞いていますが。

**菊池**　両方とも創刊以来一回も欠かしたことなく、ずっと読んでいます。

――確か『ビッグコミック』の創刊は一九六八年だったはずだから、四十年以上にわたる忠実な読者だったことになりますか。

**菊池**　そうですね。だから私には偏見のようなものがあって、本を読まない人は漫画も読まないと思っています。現代の漫画は小説的面白さも兼ね備え、本や文学の面白さへとつながっていく役割も果たしているのかもしれません。私は朝の十分間読書に漫画も取り入れたらいいと思っているし、そこにも紛れなく本の世界があると考えてもいます。そのくらい日本のコミック文化はすばらしい。

――ところが漫画は朝の十分間読書の対象には含まれていない。

私も小学生から漫画を読んできたんですが、菊池さんほど忠実な読者ではなかったので、十年ほどブランクがあった。それでこの五、六年リハビリを兼ねて山のように読み、とりわけ岡崎京子や西原理恵子に驚き、あらためて日本の現代コミックはすばらしいと思いました。

**菊池**　岡崎京子や西原理恵子は読んでいないな。何でも面白く読むほうですが、女性のコミックは見ていない。

――今度彼女たちの秀作を送りますよ。それこそちくま文庫にでも入れたら、また異なった輝きを放ち、新たな読者を獲得していくかもしれません。

コミックの話ばかりしていると、もっとまともな質問をしろという声が飛んできそうです。でもこれまでと少しちがうイントロダクションになってしまったので、もうひとつ付け加えさせて下さい。

**菊池**　かまいませんよ。

## 8　筑摩書房と高利貸

――『筑摩書房　それからの四十年』を読んで、すぐにこれは『筑摩書房の三十年』とはまったく別の本だと思いました。前者が営業と経営から見た筑摩書房史だとすると、後者は創業者古田晁による資金繰りの歴史のようにも読めたからです。そこで菊池さんへのインタビュー本は『営業と経営から見た筑摩書房』というタイトルに決めようと考えた。

**菊池**　『筑摩書房の三十年』の帯文に、「主人公、それは古田晃」と入れたのは古田さんが文字通り主人公であったことに加え、絶え間ない経営危機の中において、常に金策にその労力の大半を傾けざるをえなかった生涯をねぎらう意味も含まれていました。筑摩選書に新たに収録するために再読しましたが、古田さんの社長業の大半が金策で占められていたと実感するしかなかったです。

――　特に高利貸からの借金のところは圧巻で、筑摩書房のような出版社ですらそうだったのだから、他の中小書籍出版社の金策と高利貸の関係は推して知るべしでしょうね。この実態は江崎誠致の「裏通りの紳士」という中編に見事に描かれています。ちなみに江崎は一九五七年に筑摩書房から出した『ルソンの谷間』で直木賞を受賞しています。

**菊池**　「裏通りの紳士」は知らなかったですね。

――　この作品に出てくる高利貸はおそらく『筑摩書房の三十年』に出てくる「M」をモデルにしているんじゃないかな。おそろしくリアルな出版社を舞台とする小説で、近いうちに『出版社小説集』という一冊を編むつもりなので、そこに入れようと思っています。

**菊池**　それは面白そうだね、楽しみにしていますよ。

## 9　戦後世代の筑摩書房体験

――さてイントロダクションが長くなってしまいましたが、ここら辺から筑摩書房と菊池さんとの本格的な関わりをうかがっていくことにしましょう。

**菊池**　これも我々戦後世代には共通していると思うけど、やはり高校の図書館にあった『現代日本文学全集』と『世界文学大系』のインパクトは強かったです。このふたつの全集はその後も様々な版となって、繰り返し刊行されることになるわけだが、こちらのほうが最も記憶に残っているし、全集というイメージが突出しているんじゃないかな。

――それは同意見です。このシリーズの1で、今泉氏が高校時代における『世界文学大系』の『デカルト　パスカル』の巻との出会いを語っていましたが、あの菊判、赤い装丁の三段組みの印象はとても強く、厚さと巻数も相まって、図書館でも圧倒的な存在感があった。

**菊池**　漫画も読んでいる一方で、そういった全集類に出会っているというのも世代的な特徴ですね。

――そう、当時は新潮社や河出書房も日本文学全集と世界文学全集の双方を出していたわけですが、その中でも筑摩書房のイメージが本当に強い。

**菊池** 私にとってはそれらの『現代日本文学全集』や『世界文学大系』もさることながら、飛び抜けて新鮮だったのは『世界ノンフィクション全集』で、あれを高校生の時に図書館で読みました。

――あのB6判の黄色い箱に入っていた全集ですね、中身はくすんだダークグレーの装丁だったと思いますけど。あれは中学でも高校でも必ず図書館に入っていた。

**菊池** 収録作品も刺激的なものが多かった。レヴィ＝ストロースの『悲しき南回帰線』、ジョージ・オーウェルの『カタロニア讃歌』、ロバート・キャパの『ちょっとピンぼけ』なども入っていて、抄訳だったけど、本当に面白かった。この全集に収録されたこの三人を含めた多くの抄訳が、後に全訳として各社から出版されていくわけだけれど、これに関わった編集者は私と同じような『世界ノンフィクション全集』読書体験をしているんじゃないかと思う。

――おそらくそうでしょうね。私もそのような読者を何人も知っていますし、本当に多くが後に全訳刊行されている。そういった意味で、『世界ノンフィクション全集』は先駆的な企画だった。ただ残念なのは、一九六〇年から六四年にかけて、全五十巻が出されたこの全集の企画編集事情は『筑摩書房の三十年』や臼井吉見の『蛙のうた』にも言及がないことです。

**菊池** 私もそれらのことは入社するずっと前のことなので、詳しいことは聞いていませんが、二代目社長になる竹之内静雄の企画だったようです。臼井吉見はアンソロジー編集は得意でも、海外ノンフィクションに目を向けていなかったはずだから。

―― それらの全集類とは別に、高校時代の図書館の筑摩書房の本ということであれば、筑摩叢書の『南方熊楠随筆集』ですね。これで熊楠を初めて読み、ああ、こういう人もいるんだと感心してしまった。私たちの小さい頃はテレビがなかったことも作用していると思われますが、本を読んだ記憶がその都度残っていて、これは同じ戦後世代の特徴のような気がする。それも読んだ量の多少にかかわらず、本に関する記憶と愛着が残っているというのがコアにある。

**菊池** それは本当にいえるね。

―― これはお世辞をいうわけではないのですが、私たちにとってその本の記憶と愛着の中心にいるのが筑摩書房であるような気がする。

**菊池**　そんな大げさな。名著、名作はそれほど出していないし、今でこそちくま文庫があるけれども、岩波書店、新潮社、文藝春秋、角川書店などに比べて、知名度は低い。それに岩波文庫の一冊といったアンケート企画は成立しても、筑摩書房の一冊となると、すぐに挙がってこないのではないかな。

## 10　古田晁の母性的イメージ

――それはもちろん承知しているんですが、トータルとしての筑摩書房の出版物がそのようなイメージを形成したと思われてならない。そのイメージは戦前の岩波書店のような強い支配力を備えたものではない。いってみれば父性的イメージではなく、母性的なイメージによっていた。外見はまったく異なっていると思いますが。

**菊池**　確かに岩波茂雄と古田晁を比べれば歴然だね。

――そう考えると、古田と太宰治の関係もよくわかるわけです。これ以上はこの問題に踏みこみませんが、このような筑摩書房のＤＮＡというものは出版業界において異色であり、それが編集のみならず、いや編集以上に営業に対しても大きな影響を及ぼし、現在に至っているんじゃないか。

インタビュアーの私のほうが言葉が多くなって恐縮なんですが、これは菊池さんにぜひ伝えたいと、ずっと考えてきたことなので、もう少し聞いて頂けませんか。

**菊池**　どうぞ、かまいませんよ。それは外部目線からであって、私たちは内部目線からしか見られませんので、とても興味深いし、参考になりますから。

## 11　範としての出版史

——まずこれは多くの小出版社に共通しているのではないかと思われるのですが、私事を含めて、なぜ出版社を始めたかというと、そこには否応なく筑摩書房のイメージがある。高須さんのところの流対協には百社近く小出版社が加盟しているけれど、かなり多くが筑摩書房をイメージしているんじゃないかと思う。

これが戦前でしたら、圧倒的に岩波書店だったんでしょうが、戦後世代にとって岩波書店はそれほどの影響をもたらしていない。それはどうしてかというと、岩波書店は高正味買切制と相まって、書店の特約店システムを採用していたために、戦後世代の読者にとっては岩波文庫すらもポピュラーな存在ではなかった。

**菊池**　そうだね、五〇年代から六〇年代にかけて、県によっては数店しか特約店がない時代もあったし、筑摩書房のような販売促進営業活動もやっていなかったから。それに自分の経験を考えても、岩波文庫を揃えている書店は少なかったし、新潮文庫や角川文庫に比べて、それほど多くを読んでいない。

――もっと具体的にいうと、岩波文庫収録の近代日本文学はそれこそ前出の『現代日本文学全集』、世界文学は『世界文学大系』を始めとする様々な全集類、社会科学や思想書は中央公論社の『世界の名著』で読んだ。

**菊池**　我々は文庫、新書の時代というよりも、ずっといってきたように漫画と様々な全集の時代を過ごしてきたことになるからね。

――今になって考えれば、私たちはそのような出版と読書環境の中で成長してきたことになるわけで、そのような中だからこそ、筑摩書房というイメージがクローズアップされてくる。

**菊池**　そういう意味において、筑摩書房というのはジェネラルでありながらも、専門書も出しているイメージもあった。確かにいわれてみれば、当時出版社としてみすず書房や未來社をイメージするのは本当に限られた読者しかいなかったでしょうね。

## 12　教科書と筑摩書房

――それから国語の教科書を出していたことも大きい。戦後は文化の時代として始まっているから、新しい文化と教育、そこに筑摩書房の教科書も寄り添っていた。現場の国語の教師の筑摩書房の教科書への信頼はことのほか厚かったと聞いています。

**菊池**　中学、高校の国語の教科書は一九五〇年代から出していて、このことは『筑摩書房　それからの四十年』にも一章を割いています。実は次の社長になる熊沢は八〇年代に教科書編集室部長だったこともあります。そこで彼は『高校生のための文章読本』に始まるいわゆる「高ため三部作」を編集し、現在までにこの三点で五〇万部を超える売れ行きを示しています。

――ということは国語の教科書から「高ため三部作」のような副読本も生まれ、その分野でも筑摩書房は半世紀の歴史を閲している。当然のことながら、これで育った生徒が教師になっているでしょうから、そこにも筑摩書房のＤＮＡがずっと保たれていたことにもなりますね。

ところで、その教科書の部数はどのくらいだったんですか。

**菊池**　全盛期には高校の国語が三〇万部を超えていたと思う。だがシェアとすれば、一〇％にも充たなかったし、採択部数の順位からすると、いつも明治書院が圧倒的に一位で、筑摩書房は万年三位でした。でも内容的レベルからいえば、誇るべきものだったし、筑摩のブランドイメージはこの教科書によるところ大ですね。

――それに私たちの世代にとっては外せないのが、『現代日本思想大系』じゃないかな。それに『戦後日本思想大系』を付け加えることもできる。

**菊池**　『現代日本思想大系』は全三五巻で、六〇年代に完結していたから、学校の図書館にもかならずあったし、学生時代に友達のアパートや下宿にいくと、本棚にかならず何冊か並んでいました。『戦後日本思想大系』は私が入社した頃、まだ刊行中で、完結したのは七四年だったんじゃないかな。いずれもよく売れて、ロングセラーになっていました。

――だから『現代日本文学全集』『世界文学大系』に加えて、このふたつの『思想大系』、それに多くの様々な文学者たちの個人全集、「筑摩叢書」や教科書などのトータルなイメージによって、筑摩書房ならではのファンが戦後世代を中心にして形成された。

今泉氏の例を出しましたが、彼は『世界文学大系』と、『戦後日本思想大系』の影響を語っているし、シリーズ5の中村氏も仏文出身だから、ヴァレリーやフローベールの全集を持っていたにちがいない。この元リブロの二人の筑摩書房に対する親密感は特筆すべきだし、だから倒産時にも返品をせずにいち早く筑摩支援フェアを敢行したことに表われている。

## 13　書店の筑摩支援フェア

**菊池**　リブロを皮切りにして、色んな書店が筑摩支援フェアをやってくれました。紀伊國屋書店でも全店でフェアを開催してくれました。これには根回しというか、それなりの事情があります。実は「倒産」時の営業部長の向山が出版評論家の小林一博と親しかったのです。小林さんはもう亡くなりましたが、「ほるぷ」の仕入部長だった時代があり、『筑摩文学大系日本文学全集』や「同　世界文学全集」を大いに売ってくれました。それで向山とても親しくしていたのです。会社更生法を申請した時に、小林さんから向山に「日書連の会長（当時）である有隣堂の松信さんに頼むべきだ」との意見が出され、二人で会いにいきました。それで松信さんは「全国の書店でがんばれ筑摩フェアをやらせよう」といってくれました。

それから八重洲ブックセンターも開店したばかりだったので、大型書店ならではの筑摩支援セールを展開してくれました。これで筑摩も助かったのですが、八重洲ブックセンターもかなり宣伝になったんじゃないかな。

だからリブロから始まり、紀伊國屋書店、八重洲ブックセンターと波及し、さらに全国の書店が自発的に支援フェアをやってくれました。あれは本当に有難かったですよ。

――そこなんですよ、私が強調したいのは。

六八年の河出書房、七四年の三省堂の倒産の時には書店で支援フェアは組まれなかった。三省堂は辞書に値上げのシール貼りなどしたから当たり前だという風潮すらもあった。その後平凡社の危機に際して、著者たちからの支援アピールは出されたにしても、書店での「がんばれフェア」のようなものは見られなかった。

だから多くの書店で支援フェアが組まれたのは筑摩書房だけなんです。私はそこにそれまでの筑摩書房が築き上げてきた出版物の集積、及び編集と営業の蓄積を通じての他社には見られないブランドイメージ、神話作用、出版社のキャラクター造型が一挙に書店の店頭に凝縮して表われたと思っている。近代出版業界史をたどってみても、そこまで書店が特定の出版社支援に入れこんだ例はない。

**菊池**　それもあるでしょうが、幸せな時代につぶれたんだとつくづく思いますよ。今のような時代とちがうし、書店としても、まだゆとりがあったから、応援もしやすかったのでしょう。

まだ出版業界だけでなく、マスコミも読者も、いわゆる「良心的出版社」に対して、すごく同情的だったこと、それらのすべてが相乗し、著者も加わって、全体的に支援の声が早く挙がったこと、だから本当に幸せな時代につぶれたと思いますし、その後も再建の道をたどることができたわけです。

## 14　筑摩営業部の存在

――もちろん菊池さんがいわれる時代と出版業界の状況はわかるけど、私としては筑摩書房の代々の営業の人たちの好ましい人柄、書店現場における人気の高さをぜひ挙げたいな。地方営業にいっても、書店の人たちとの飲み会はいつも筑摩の営業マンが中心になっていたようで、そのようなベースがなければ、田中達治だってあれだけの活躍ができたかどうかわからない。田中さんに関してはまた後でふれることになると思いますが。

倒産時にはまだ文庫も新書も出していなかったから、といって『展望』などを発行していたにしても、雑誌出版社としては見られていなかったから、あくまで筑摩書房は中堅の書籍出版社であったわけだが、書籍と営業を通じて、出版社と書店を結ぶ役割を果たした点において、比類がないのじゃないか、そんな気がする。それはずっと話してきた戦後世代特有の本に対する愛着に紛れもなく起因している。書店人気の高さはそれが伝わっているからだと思う。

それが菊池さんの代までも引き継がれ、今日に至っている。かつての一時期に、営業、編集も含めて、多くの筑摩の人たちと親しかったこともありますが、これは私だけの思いこみではないと断言したい。

**菊池**　それはほめすぎですよ。外部から見れば、そのように映るところもあるかもしれないが、内部にいると、過分の一言に尽きてしまいます。むしろ滑稽で、笑われてしまうことだって、多々ありますから。

――そう謙遜しなくても。でも他のことはともかく、このことは、多くの賛同を得ると思いますが。

それでは少しばかり長くなりましたイントロダクションをこれで終え、そこら辺の話を含めて、色々とうかがっていきたいと思います。

# 第Ⅱ部

## 15　入社に至る事情

——菊池さんは最初から出版社志望だったんですか。

**菊池**　どうしても出版社という執着はそれほど強くなかったけれども、他の一般の会社に比べれば、それこそゆるいところがあるんじゃないかと思っていました。まさにこれも出版社に対するイメージの問題になってしまうのですが。だから編集者になって本をつくりたいというよりも、気楽に勤められるのじゃないかと勝手に考えたりもしていました。若気の至りで不純なんだけど、それも動機のひとつにありました。

——それで出版社を何社か受けられたんですか。

**菊池**　そう、平凡出版、今はマガジンハウスになっているが、それから文藝春秋、平凡社を受け、みんな落ちてしまった。でも筑摩書房だけは受かった。これは永江さんが『筑摩書房　それからの四十年』にも書いているけど、入社試験に一度落ちたにもかかわらず、欠員ができたために採用になったからです。

もう一度きてくれと連絡が入った。忘れていた頃だし、もういいやとも思ったのですけれども、まだ就職も決まっていなかったので、指定された「山の上ホテル」へ出かけていきました。そこが面接の場だったんです。その背景には内定を出した男を営業に入れようとして蹴られてしまったという事情があったようです。おそらくそんなことだろうと思ってはいましたが。

「山の上ホテル」で話しているうちに、「君は体力がありそうだね。お酒は飲めますか」というから、少しはと答えたら、昼間なのにビールが出てきて、注がれることになってしまった。これが始まりなんですよ。

――一杯のビールから始まった筑摩書房人生、いいですね。菊池さんもまだ出版社が幸せな時代に入社したことを象徴している。

**菊池** そうですね、ビールを飲んで気持ちよくなってきたところに、「来て下さいますか」といわれ、「はい」と答えて決まってしまいました。その時にはまさか社長になるなんて思いもしなかったですけれども。

## 16　六〇年代の営業部

――菊池さんは筑摩の歴代の社長の中でも初めての営業出身となるわけですが、当時の営業部はどんな状態だったのかしら。

**菊池**　私が入った時に大卒は四人目じゃなかったかな。三人の大卒の先輩たち以外は少年社員出身者もいた時代でした。中学を出て、定時制高校に通いながら勤め、そのまま筑摩で働いていた人たちですね。

――私は数回しか会っていないけど、営業部に小川さんという人がいて、退職後に『僕は少年社員』（文芸社）を出している。今では少年社員という言葉もほとんど知られていないし、死語になっていますから、これは貴重な記録かもしれない。

**菊池**　営業と少年社員の存在というところに、七〇年代以前の出版社の実情、流通と販売の真実があると思いますよ。筑摩書房は「編集のユートピア」などと他社の編集者からうらやましがられていたけれど、それはこのような営業のバックヤードに支えられていたわけなんです。

編集は大卒、営業は高卒という区別が歴然とありました。私はICUを出て、営業部だったから、新人の頃に筑摩のたまり場の飲み屋にいくと、編集者の先輩が「大学出て、どうして営業にいるんだ。バカじゃないのか」といわれました。それからさらによくいわれたのは「おまえ、そのうちに編集に上げてやるからな」だったのです。

この「上げてやる」という先輩の意識がいやでしたね。営業にもいやな部分はありましたが、そんなふうには考えていなかったし、営業の仕事もそれなりに面白いと思っていました。

—— それは同じことを田中達治も『どすこい出版流通』(ポット出版)で書いていましたね。そしてこうした倉庫や物流システムの仕事を蔑視するような意識が会社をつぶすのではないかと考えていたら、本当につぶれてしまったと。

この問題は話していくときりがありませんが、出版業界の上意下達の構造をあからさまに示している。著者、編集者、営業、取次、書店という上下関係ですね。私の考えでは出版業界にだけ流通革命が起きなかったのはひとえにこの構造によっている。

**菊池**　確かにそうですね、あの頃は流通革命の時代だったのに、出版業界だけは何も変わらず、立て続けに出版社の倒産ばかりが起きていたことになります。

―― そのことで思い出されるのは先に挙げた『戦後日本思想大系』で、その第八巻の『経済の思想』の中に中内㓛の流通革命宣言たる「わが安売り哲学」が収録されていたことです。この巻は菊池さんの入社と同年の七一年に出ていますから、何か偶然のようには思われない気もする。

**菊池** そうか、同じ年に出ていたのか。でもこの巻のことは社内で話題にならなかったですね。それはともかく、この『戦後日本思想大系』全一六巻のラインナップを見ると、入社当時のことが思い出されて懐しいですね。

第九巻は『科学技術の思想』だから、そこでは原発の問題がどう論じられていたのか、我々は福島原発問題のさなかにいるわけだから、とても気になります。それとあらためて『平成日本思想大系』を編んだら、「経済」にしても「科学技術」にしても各巻のテーマは同じでも内容がまったく変わってしまうことは明らかです。今度編集部にそれを話してみますよ。

## 17　少年社員と近代出版史

――ぜひそうして下さい。

それからもうひとつここで付け加えておきますと、近代出版史において、少年社員のことはもっと言及されてしかるべきだと思います。先ほど菊池さんが営業部における大卒問題にふれられましたが、一般的に出版社が大卒を広く採用するようになったのは昭和に入ってからだといっていい。しかもそれは編集プロパーが多かったので、その後も営業や取次担当、つまり流通と販売は少年社員、もしくはそれに近いような人たちによって大半が担われていたし、それが戦後の六〇年代までは続いていたと考えられます。

**菊池**　それは事実です。岩波書店の専務だった今井さん、河出書房新社の社長になった清水さんは少年社員の代表的存在じゃないかな。

――この十年間ほど近代出版史をずっと調べているのですが、雑誌、大衆文学、コミックといった分野、それから赤本業界と称される出版の領域はそうした人たちが支えていたとわかる。それればかりでなく、大手出版社の番頭的存在の人たちはそのような営業に通じたメンバーであることが多い。

ところが近代出版史というのは大半が大卒の編集者の視点から描かれ、しかも勝者の歴史であるから、出版の一部しか語られていない。

**菊池** その典型が筑摩書房じゃないかな。社長は代々東大と京大で固めていて、紛れもなく編集中心の会社であったわけなんだから。

―― そうなんです。和田芳恵の『筑摩書房の三十年』は創業者伝と編集出版史だといっていい。もっとも出版社の社史というものはその傾向が強い。

しかし今回の永江朗による『筑摩書房 それからの四十年』は営業と経営からの視点が色濃く導入され、出版社史としては異彩を放っている。この点をどう読むかで、この社史が面白いかどうかのポイントになると思いますが、私から見ると、編集者が読んだ場合は不満を覚えるにしても、営業や経営のほうから読むと、とても参考になり、興味深く読めるのではないか。

私はこれを読んで、前にもいいましたが、このインタビューのタイトルを『営業と経営から見た筑摩書房』にしようと決めたわけです。

すいません、また前置きが長くなってしまいました。入社して営業部に配属されたところから始めて頂けませんか。

## 18 『現代臨床医学大系』の販売と失敗

**菊池** 私が入った時の社長は二代目で、竹之内さんという京大出身の人で、創業者の古田さんは会長でした。『筑摩書房の三十年』は私が入る前の七〇年の竹之内社長時代に出版されました。そして七三年に古田さんが亡くなっています。

私の入社時と竹之内さんが推進した『現代臨床医学大系』というビデオの販売が重なっていました。それで入社早々、そのビデオ宣伝に駆り出されたわけです。書籍の出版社に入って、どうしてビデオなんだと思ったのですが、何の事前説明もなく、確か武道館だったはずですが、日本医学会の総会に連れていかれました。パンフレット配りが目的で、医者にそのパンフを配りまくったものです。これが私の筑摩での営業事始めになるんです。出版社もこういう事業も手がけ始めているのかなと思ったりもしました。

――ビデオが普及していくのは八〇年代だから、一般的にいえば、十年以上先駆けていたことになる。

**菊池**　そう、当時はまだビデオといってもオープンリールの時代で、岩波映画の協力を仰ぎ、カラービデオに仕立てていました。

――簡略にいって、内容はどのようなものだったのですか。

**菊池**　要するに癌などの最先端の手術と技術をビデオとカード式テキストにしたもので、一本の長さは二五分で、一巻の定価が五万円でした。

まだ新人なのに夏になると、書店営業に出されました。宮脇書店、今井書店、金正堂などでした。そして書店の外商と一緒に医者を回りました。巡回販売のライトバンにビデオデッキとデモンストレーション用のテープを積んでいく。大半の医者のところにカラーテレビはあったので、それにつないで見せるわけです。見せると反応はよく、「勉強したいけど、時間がない。でもこういうのを見ると確かに勉強になるな」という感想をよく聞かされました。

しかし医者は金持ちだといっても、一巻の定価が五万円だから、すぐに注文はもらえない。五万円といったら当時の大卒の初任給よりも高いし、それにいかに金持ちの医者だといっても、まだビデオデッキを持っている人は少数でした。

おまけにデモンストレーションの失敗もありました。当時は舗装されていない道路もあったので、車の中に埃が入ってくるわけです。そうすると、ヘッドに埃がついて、ビデオが映らなくなってしまう。最初はそんなことばかり繰り返していました。

―― 出版社の販売促進営業というよりも、昔の地方のお寺とか公園での映画巡回の仕事みたいな感じですね。

でももちろん後知恵ですが、いくら医者が金持ちでも、ハードが普及していないその時代に、『現代臨床医学大系』のようなビデオが本当に売れると考えていたんでしょうか。どう考えても、ファンタジーのような気がしますが。

**菊池** しかも一巻が五万円で、全一二〇巻、全巻だと六〇〇〇万円になるという企画だったのです。私の初任給が四・六万円の時の六〇〇〇万円です。だから五〇〇〇セットでも三〇億円、一〇〇〇セットなら六〇億円という大企画でした。

―― これはシリーズ5で、能勢さんとも話したことですが、筑摩書房も含めて出版社は豪華本販売に力を入れ、書店も外商を通じて売ろうとした。しかし日本の出版業界の特性として、外商の雑誌や大手出版社の企画本を中心とする職域や学校を中心としていたために、高額な豪華本を購入するヘビーリーダーを思うように見つけられず、結局のところ出版社も書店も豪華本市場を形成できず、九〇年代の書店の閉店や倒産によって、膨大なショタレ本を発生させる結果に終わってしまった。
それともうひとつ、出版社が資金繰りに困り、起死回生のために大型企画を試みることが多々ある。これは筑摩書房と同じ高利貸から金を借りていた小山書店の例ですが、お寺向けの豪華本を出し、お寺を個別訪問して販売促進したが、まったく売れなかったと、小山久二郎の『ひとつの時代―小山書店私史』（六興出版）の中で語られています。

**菊池**　その事情は勤めているうちにわかってきました。資金繰りの厳しいことに加え、六〇年代にソノシート付き音楽全集をいくつも出し、それなりに成功を収めていたことがあって、今度はビデオだと考えたのではないかと。
筑摩にとってそれまでドル箱だった文学全集がほぼ行き渡り、それに代わる新しい商品の開発にも迫られていました。

――その話を聞いてまず思い出すのは、六〇年代がソノシートの時代だったことですね。色んなソノシートつきの音楽関係の企画が出され、様々な全集類が出された。今はDVD時代で、DVD付録が当たり前になっているが、まさに六〇年代のソノシートの流行を彷彿させます。朝日ソノラマなんかもよく児童向けのものを出していたように記憶しているし、その社名もそれにちなんでつけられたのじゃないかしら。もっとも朝日ソノラマも近年解散してしまったようですが。

それと書籍出版社のメイン商品だった全集や百科事典、具体的にいえば、筑摩書房、河出書房、平凡社などのドル箱に赤信号が灯り始めたことを告げていたことにもなる。

**菊池**　それで新しい商品にうまく転換できればよかったわけだが、先に挙げたような諸々の事情もあり、営業部は春から夏にかけてこのビデオの販売促進に邁進したにもかかわらず、見事に失敗してしまい、全一二〇巻のうち三二巻で中止になってしまいました。

――多大な先行投資もバブルのように消えてしまった。

**菊池**　それでもこのビデオの後日譚を話しておきますと、私ともう一人の担当者で、その在庫販売は続けていたわけです。在庫販売といっても、注文がくると現像所にダビングを頼むだけですし、当然書籍と異なり返品もありません。その後十年間は類似商品はなかったこともあり、売れ続けました。だから三二巻の製作費は回収できたのではないかと思います。

――しかしこの『現代臨床医学大系』の失敗が七八年の会社更生法申請の原因になっていくといわれていますね。

**菊池**　そういわれても仕方がない雰囲気がありました。二代目の竹之内静雄はこの失敗の責任をとるかたちで、三代目社長井上達三と交替しました。後を受けた井上さんが何といっていたかというと、やれどもやれども借金が膨らんでいくとよく聞かされたものです。

営業部としてもこの三代目社長の言からすれば、新たな借金にたよる新企画による起死回生はないわけだから、在庫を売って資金繰りを支えることしかないと思いました。七一年は『現代臨床医学大系』にかかり切りだったので、確かに在庫本の販促はなおざりになっていました。そこで急遽、学校や公共図書館を中心とする巡回販売へと方針を切り替えたのです。

## 19　新人の巡回販売時代

――それから長期にわたる菊池さんたち新人の巡回販売の時代が始まる。児童書出版社は別にして、人文系出版社として、筑摩書房の巡回販売は最強だったんじゃないかな。

**菊池**　そうだと思うね。我々の時代の巡回販売は一ヵ月だったけど、それより十年くらい前には学校が始まる新学期から夏休み前までの三ヵ月間出っぱなしで、それに比べたら、一ヵ月なんかどうってことないなどといわれたものです。

それから当時の営業部のシステムなんだけど、新刊の係は一人だけで、特約書店にかなり厚くまく手配をして、後は取次に任せ、それでおしまいという感じでした。今では営業の重要な仕事のひとつが新刊の売れ行き動向の把握であることは周知ですが、それすらも実行されていなかったのです。そんな状況だから、新刊の営業というコンセプトも成立しておらず、新人の私なんか、仕事にとまどいを覚え、「何をしたらいいんですか」と聞いたことがありました。そうしたら「巡回販売だよ」という言葉が返ってきたのです。ビデオの営業もそうだったけど、今度は本格的に本の巡回販売に駆り出されることになりました。

――その巡回販売の実例が『筑摩書房 それからの四十年』で語られていますね。

**菊池** あれは一〇月から一一月にかけての中国、四国地方で、三三日間に及ぶ出ずっぱりの出張でした。岡山から始めて四国四県をこなし、それから広島に戻り、山陰を回り、最後は松江で、高速道路はまだ東名と名神しか開通していなかったから、東京へ帰るのも二日がかりでした。

――そうか、四〇年前のことだから、現在とはインフラ状況が異なっている。インフラといえば、筑摩の営業の人たちはみんな地方の商人宿に泊まっていた。七〇年代後半になっても商人宿に泊まっていたから、どうしてなのかと尋ねたら、営業部の申し送りで、宿も決まっているということだった。

**菊池**　そうですよ、私が営業に行き始めた七〇年代初めにはまだビジネスホテルは少なく、その代わりにどこの町にも商人宿はありました。

――　東海道線の駅の近くにはかならず商人宿というものがあり、それは東海道線に限らず、どの鉄道の駅周辺にはかならずあった。

**菊池**　そこに泊まっているのは我々のような営業マン、それこそ出張の商人ばかりで、朝飯も食堂でみんなで食べ、そこのおかみさんに行ってらっしゃいといわれ、仕事に出かけ、また帰ってくるというのが定番でした。毎日宿を変えるのも大変だったし、プライバシーが保たれるホテル的個室でもなかったにしても、そのような家庭的な商人宿のほうが居心地がよかったことも事実ですね。

ただ一ヵ月分の出張費を持って出ているわけだが、金庫も何もなかったので、腹巻の中に金を入れておいたりしました。

――　今からは考えられない話ですね。でも現在では商人宿はほとんどなくなってしまった。各駅の近くにかならず高層のビジネスホテルが開業し、商人宿の時代も終わったことを知らしめているかのようです。

私が商人宿ですぐ思い浮かべるのは、松本清張原作、野村芳太郎監督の映画『張込み』に出てくる刑事たちが張り込む宿のイメージですが、ビジネスホテルではもはやそのような物語も成立しなくなってしまった。

でも当時は菊池さんもそのような商人宿から毎日の巡回販売に出ていった。

## 20 巡回販売の内情

**菊池** まさにそうだね。でも今考えるととても懐しいし、よく売ってくれる行きつけの書店さんなどは宿屋に泊まらないで、うちに泊まっていけといわれ、洗濯までしてくれて、さんざん世話になったこともありました。ところが残念なことにそれは松山市の書店でしたけど、もうつぶれてしまいました。そういう時代でした。
その頃は小さい書店でも外商が頑張って、学校や図書館に出入りし、とても信用がありました。だから同行販売でいって、外商の人がうまく勧めてくれるとかならず入れてくれたものです。

――巡回販売の場合、現物も持参で回っていたわけですよね。

**菊池** 全集やシリーズの見本としての代表的な各一冊を入れたスチールケースが五箱、それらのパンフレットや注文書、出版目録や在庫一覧表をつめたダンボールを携え、公共図書館、高校図書館、書店の顧客を回るのです。

ともかく荷物の重さには、二十歳台の当時の自分にとっても、閉口しました。高校図書館はたいがい三階とか四階にあり、そこまで荷物を持ち上げる（エレベーターなどありません）だけでも大変でした。その上丸一日運転をし、お客にセールスをし、そして夕方次の目的地へ向けて車を走らせる毎日でした。それでやっと一日が終わるのです。

――ほぼ一日につき一書店との同行販売ということですか。

**菊池** そうでしたね。日曜日は学校や職域は休みでしたので、こちらも休みを取ることもありましたが、土曜日はまったく休まず働き、一ヵ月ちょっとで、三〇店ぐらいと同行販売を繰り返しました。よくぞ毎日巡回したという思いに尽きますね。

――これは前述の筑摩書房神話とつながるわけだけど、行くほうは大変でも、来られるほうはとても喜んでいた。私は実際に読者から聞いたことがあるけど、その人は山奥に住んでいて、中野重治の愛読者だった。その山奥に書店と同行販売で筑摩の営業がいって、今度出る『中野重治全集』のことを話した。その人はこんな山奥まで知らせてきてくれたと感激して、それ以後の筑摩の個人全集はほとんど買っているという話を聞いたことがある。

その営業マンの名前も聞いたはずだけど、失念してしまった。それは六〇年代の第一次の『中野重治全集』のことで、七〇年代の第二次『中野重治全集』も買っていると話していた。

**菊池** それはいい話ですね、営業マンは誰だったのかな。そこまでいかなくても、かなり喜ばれもしたことは事実です。

―― こちらは高校の教師から聞いたのですが、筑摩書房がきて、職員室の片隅なんかで、持ってきてくれた見本の展示を見るのはとても新鮮だったといっていた。それはどうしてかというと、高校に教科書、学参、辞書の出版社の営業はきても、人文書関係の出版社は行かないからです。

そうですよね、菊池さん。

**菊池** まず行かない、絶対にといっていいほどですね。新潮社も文藝春秋も講談社も行かない。逆にいえば、同行や巡回販売しなくても、宣伝だけで売れてしまうから。

――それとそういった営業態勢にない。もちろん専門書出版としてのみすず書房や未来社も、経費の問題と書店との関係もあり、そのようなシステムになっていない。

**菊池** そう、だからある程度名の通った人文書出版社では筑摩だけが行くことになる。来られる側の公共図書館、学校図書館、職域、読者も出版社の人間と直接話せるわけだから、それなりに感激してくれました。そのこともあってサービスの意味からも、かならず注文を出してくれました。前面に出すことはなかったけれど、筑摩の同行、巡回販売というのはその点をうまく使った商売のスタイルでしたね。

## 21 一日五〇万円のノルマ

――そうはいってもノルマもあったんでしょうから、大変なことにかわりはない。

**菊池** 当時の我々のノルマは一日五〇万円ですよ。これは四〇年前だから大変な金額で、今だったら二〇〇万円ぐらいに相当するんじゃないかな。それを主として全集類で稼ぐわけです。

――その主力は翳りが感じられていたとはいえ、全集類によっていた。

**菊池**　美術全集、個人全集は公共図書館や高校図書館が買ってくれましたが、やはり個人のお客は『日本文学全集』や『世界文学全集』でしたね。

――それは先に話した菊判の『現代日本文学全集』や『世界文学大系』ではなく、四六版の白い箱入りの『日本文学全集』と『世界文学全集』のことですか。

**菊池**　そうです、それですね。両方とも全七〇巻で、セット価は一一万円を超えていました。これらは「ほるぷ」も月販でよく売ってくれていましたが、我々も負けずに売りました。

職域なんかだと、総合病院の看護婦さんがよく買ってくれて、いいお客さんでした。これは図書館や学校でも同様でしたが、筑摩ならではの特別セールスを実施していたのです。まず書店に対してですが、注文納品分に関しては一年半、つまり一八カ月六分割の延勘払いで出荷するようにしました。

こうすれば、お客さんも月賦で買うことができる。『日本文学全集』でも一年月賦なら月一万円弱で買えるわけです。だから若い看護婦さんでもOKで、セールストークは「結婚され、お子さんができた時のために文学全集を」というのがセールストークでした。

それに加えてさらに一〇万円買ってくれたら、一万円分の好きな本を献本しますので、ご自由に選んで下さいと勧める。月賦と献本が揃えば、購買意欲は明らかに高まります。

――それは再販制に抵触しなかったんですか。

**菊池**　当時の景品表示法の範囲内でしたし、出版社・取次・書店という正式の流通ルートを経ていますし、業界三者に加えて読者も喜ぶわけですから、問題には一度もならなかったと思います。これは筑摩が長年の同行、巡回販売を通じて編み出した再販制に抵触しない販売促進の秘訣でした。それに返品はまったくないといっていいので、延勘出荷と一〇％献本であるにしても、採算は十分にとれていました。

――それもほとんど在庫を売るわけだから、効率は実にいいことになる。

**菊池**　そんなわけで、一ヵ月巡回販売をやれば、ノルマを優に超える一五〇〇万円ぐらいの売上になっていました。営業部の一〇人が全国巡回販売に出れば、一ヵ月で一億五〇〇〇万円、正味で一億円ぐらいにはなってしまうのです。しかも書店に押しこんだものではないから、返品はまずありません。だからほぼ高額商品の買切出荷に近いのです。筑摩にとってはカンフル剤になったし、取次にしても喜んで、東、日販も巡回販売をやってくれと催促するまでになっていました。

――このような筑摩書房の営業事情というのは一般的にはほとんど知られていなかった。でも筑摩の強さというのは戦後の営業部の資金繰りが苦しいから、どうしても売ってこなければならないという事情によって培われたものなんですよね。

**菊池**　しかしその一方で、巡回販売に力を入れていた割には新刊配本の例に見られるように、日常の書店営業をこまめにやり、平台や棚を確保することができていなかったのです。巡回販売にエネルギーと時間を奪われ、そちらのほうは雑な書店店頭対策しかできていなかったのが実情です。

## 22　教科書営業

――わかります。それが『現代臨床医学大系』の失敗とともに七八年の会社更生法に至る伏線となっていく。

それらのこともお聞きしますが、教科書営業のことも付け加えてもらえませんか。巡回販売と教科書営業も筑摩書房のブランド化に欠かせないものだったと思われますから。

**菊池**　これもビデオや巡回販売と同様に、事前レクチャーもほとんどなく、いきなり行かされたというのが本当のところです。

入社した五月の連休明けに「鹿児島へ行ってこい」といわれました。急な遠方出張だから、何かと聞くと、「教科書の宣伝だ。これはノルマもないし、ビデオや巡回販売に比べれば、まったく楽だ」との言葉に送られ、出かけていきました。高校の教科書は一校単位で、教師が最終的に決めるので、そのための見本とパンフレットを持っていくわけです。教科書部は人数が少ないから、それだけではとても全国の高校を回れません。だから営業のみならず、各部から応援出張を募り、混成部隊で全国を回ることになるのです。

――その場合の学校の感触はどうだったんですか。

**菊池**　他社と比べたら、圧倒的に信頼されていたように思います。臼井吉見が編んだ『中学生全集』に代表されるように、筑摩の全集類は学校図書館をも対象にしていた企画だったから、行くと先々の高校図書館にも柳田國男や宮澤賢治の全集などが入っていました。とりわけ若手の教師の多い進学校の場合は教師からの絶対的な信頼がありましたね。他の教科書会社がどうして筑摩に採用に負けるんだと悔しがっていた時代が確かにありました。今はその神話も崩れてしまいましたが。

――六〇年代の国語の教科書に大江健三郎や丸山真男が入っていたわけだから、生徒はともかく、若い教師は喜んでいたでしょうね。

**菊池**　まあ、とんがっていましたからね。今ではすぐに横並びになってしまうけど。だから教師の信頼と筑摩の出版物に対する信用のバックアップもあるし、さらにノルマもないので、巡回販売と比べて、教科書出張というのは物見遊山的気分もありました。学校回りは時間的にいっても、九時から四時ぐらいまでの間ですし、夜の時間はたっぷりあるので、温泉地に泊まって、うまいものを食べ、ゆっくり酒を飲んだりすることも可能だったのです。

――巡回販売は苛酷だったから、教科書出張でバランスをとっていたことになりますね。でも営業の場合は両者の隔差を実感できるけど、編集者が教科書出張なんかすると、本当に緩んじゃって、あまりいい影響は残さなかったのではないでしょうか。

**菊池**　それはいえます。会社のシステムが縦割りでなく、営業と編集の混成で成立していることの融通無礙なメリットはあるんですが、デメリットも多い。実際にそれは編集者の生産性にはね返っていました。筑摩のような家族的経営の限界がそこにあったとも思いますよ。

## 23　料理ムック巡回販売書店

――せっかく出版社の営業の話を続けてきましたので、筑摩とはまったく関係ありませんが、私が聞いたとても印象に残る営業販売のことにふれてもかまいませんか。

**菊池**　どうぞ。

――編集や印刷事業がパソコンやＤＴＰによって様変わりしてしまったように、かつての出版営業も電車ではなく、大半は車によるものとなっています。でも以前は電車移動が当たり前で、実用書出版社のかつての営業の話を聞くと、北海道や九州などの営業は車中泊などを重ねたりして、道、州内のめぼしい書店をしらみつぶしに回ったといいます。

**菊池**　七〇年代までは我々は巡回販売は車でいかざるをえなかったが、地方営業は電車が普通でした。それにまだ郊外店の時代ではなかったので、駅から歩けるところに書店も位置していましたから。

――そうですよね。これは大雑把な分け方ですが、雑誌出版社ではない書籍出版社は書店営業によって売上を確保するシステムになっていた。つまり営業マンが実際に書店を訪ね、常備で出荷した自社の出版物の欠本チェックや新刊案内を行なうことをルーティンワークにしていた。他業界の言葉でいえば、ルートセールスというんでしょうか。その代表的なところが実用書系出版社だった。

**菊池**　当時はそれこそ商人宿でよく一緒になったもので、出版社の営業は筑摩や児童書版元のように巡回販売をやるか、実用書系の欠本チェック系の両極端に分かれていて、その中間の営業を取次が代行していた感じじゃなかったかな。

――まあ、そんな感じですね。実用書というのはどんな田舎の小さな書店にも置いてあったから、営業に回ればかならず注文がとれる。だから優秀で働き者の営業マンがその出版社にいた場合、目に見えて売上がちがってくる。七〇年代後半になると変わってきますが、六〇年代までは出版社の営業の時代でもあったともいえます。

**菊池**　筑摩の場合は出版物の性格からいって営業にいける書店は限られていたけど、実用書が強かったのはどの書店にも満遍なく置いてあったことですね。だからほとんどの書店に営業がかけられるし、注文をとることもできるのです。しかし筑摩だったらそうはいきません。

――そのような出版社の性格からいって、編集中心か営業中心かの版元の区別もなされていた。

実は私の話すのは実用書出版社ではなく、実用書を巡回販売で売る書店の人のことなんですよ。これは児童書出版社の営業マンから聞いた話で、やはり七〇年代前半のことだと思います。

その人は大手出版社の料理ムックを数万冊売った実績の持主で、一部で語り草になっていたようなんです。そのムックの定価は二〇〇〇円しませんが、カラー仕立てでお買得な定価だった。彼は書店を開く希望を持っていたが、資金がなくて店を持つことができなかった。それで巡回販売書店を思いつき、その料理ムックに目をつけた。ところが取次口座はないので、最初は知り合いの書店を通じて仕入れ、それをライトバンに積んで、山の中の書店がない地域ばかりを選んで、一ヵ月単位の巡回販売をした。山の奥のことだから、そこに載っている料理が全部作れるわけではないけれど、こんなところまでよくきてくれたと喜ばれ、しかも高くはなかったので、どの家でも買ってくれた。それで三万冊売ったというんです。

**菊池**　それは直売の鏡というか、すごい話ですね。

――そうでしょう、すごい人がいるものだと思った。しかも料理の本を売っているのに、食べるものもままならず、風呂も入れないので、沢で水浴びしたり、山林公園の水道で身体を洗ったりして、長い巡回販売に耐えたという話だった。

それで数千冊売ったあたりから、それが出版社の耳に入り、直取引ができるようになり、最終的に三万冊に達したと。筑摩の一日のノルマが五〇万円で、今だったら二〇〇万円に相当するのじゃないかと菊池さんはいわれたけど、その料理ムック三万冊といったら六〇〇〇万円に近く、しかもバックマージンもつくから、二〇〇〇万円近い粗利になる。

**菊池**　そうか、我々の巡回販売も苛酷だと思っていましたが、上には上があったわけですね。

――　でも皮肉なことに八〇年代になって、郊外消費社会が成立し、日本全国が均一・画一的になり、山の中までが車社会と化してしまったことで、そのような行商販売というか、隙間商売は終わってしまった。

**菊池**　我々は知らなかったけれど、本の販売をめぐっては様々な人たちが介在していたという例を示しているんだろうね。

だって当時の筑摩書房の年商五〇億円の三分の一が「ほるぷ」による月販に支えられていたし、そこには優秀なセールスマンがいたことは確実ですから。

## 24 『世界版画大系』と書店同行販売

――これは聞き忘れていましたが、ビデオの失敗の後、目に見えて成功した企画がありましたね。

**菊池** ああ、『世界版画大系』のことですか。あれはやはり私が入社した七一年に企画がスタートし、七二年に刊行が始まりました。一冊三万円で、全一〇巻、限定二〇〇〇部でした。しかもたちまち完売の運びになったので、ビデオの失敗後だっただけに、少しばかり浮かれた気分になったものです。それも無理はないところで、六億円の売上は旱天の慈雨といった感じでしたね。

――これも書店との同行販売によっていたのですか。

**菊池** ほとんどそうでした。これはパリの国立図書館所蔵の版画コレクションの集成で、版画に特化した全集はこれまで出されていなかったのです。だから中身を説明しないとわからないので、同行販売は欠かせませんでした。

――なるほど、三〇万円、二〇〇〇セット完売という数字を聞くと、ちょうどその頃が豪華本というか、高額本販売のピークだったように思われる。

**菊池**　それはそうかもしれません。実は『世界版画大系』の成功を受け、大英博物館やルーヴル美術館と提携したいくつかの企画も進んでいたのですが、会社更生法申請によって流産してしまいました。残念だと思えたこともあったけれど、出していたとしても、オイルショック以後であり、豪華本市場も変化し、『世界版画大系』のような成功は難しかったかもしれません。

――私は会社更生法のさなかに出されていた普及版『世界版画』を持っていますが、今でも参照しています。でも七〇年代前半は限定豪華本の時代であり、後半が普及版の時代に移行していたことも示しているような気がします。

**菊池**　そうだね、普及版といえば、『世界版画大系』の企画編集者だった藤原成一さんが次に刊行したのは『江戸時代図誌』で、営業部は五〇〇〇円台の定価を主張したのですが、東、日販の意見も入れ、一八〇〇円に決まりました。

営業部の高定価主張は『世界版画大系』の成功に加え、巡回販売などのことも考えての上のことでした。しかし藤原さんの軽装版主張や取次の意見からして、出版状況は普及版の時代に入っていたことになるんでしょうね。

その定価設定と軽装版が功を奏して、第一回配本は五万部でスタートし、三万部重版、さらに三万部を追加し、一一万部となりました。最終配本は五万五〇〇〇部だったから、予定を上回る売れ行きで、江戸ブームまで巻き起こすことになったのです。五〇〇〇円台の定価ではそこまで売れなかっただろうし、江戸ブームももう少し遅れてしまったかもしれません。

ただ普及版の場合に問題なのは筑摩にとっては大部数である万単位で売れなければ、成功に結びつかないということでした。『江戸時代図誌』のようにヒットすればいいのですが、そうでなければ、大きな損失を抱えこんだままで、完結までを耐えなければなりません。

その不安が次の七八年の『明治大正図誌』と『世界版画』で適中してしまい、会社更生法に追いやられるわけです。

## 25　営業部と編集部の関係

――菊池さんの七一年入社から七八年の会社更生法に至るまで、営業目線から語ってもらいました。そこでもう少し詳しく営業部の状況を知りたいのですが。新刊についてはわかりました。その他の営業部の権限、編集部との関係などにもふれてもらえませんか。

**菊池**　『江戸時代図誌』の例にわかるように、基本的に営業部は定価や部数に関する決定権を持っておらず、前に話が出た編集から営業へという上意下達の構造そのものでした。いってみれば、編集部が初版部数と定価をほぼ決めていたわけだから、マーケットリサーチも何もあったものではなかったのです。だから当たり外れは日常茶飯事で、営業は巡回販売にエネルギーの大半を注いでいたので、それらを改革するという意欲を持つ時間的余裕もなかったのです。これが正直なところです。

――ということは基本的な出版社の営業コンセプトである新刊の定価と部数設定、書店における売れ行きの動向とその把握、重版のための店頭調査、特約常備店での売れ行き、書店からの補充注文と客注の動き、言葉を代えていえば、マーケティングもマーチャンダイジングもなかったわけですか。

**菊池**　恥をさらすようですが、まったくなかったといっても過言ではないし、倒産に至るまではずっとその態勢でやってきたことになりますね。これはシステムとも呼べないので、とりあえず態勢とでもいうしかありません。

そんな態勢を支えていたのは所謂「買切制」ですね。ただこれは岩波書店の完全買切制とちがって返品条件付き買切なんです。岩波の場合でしたら、返品できないので、取次も書店も水増し注文はしないし、実売数に近い冊数しかとらない。

ところが筑摩の場合は買切といってもゆるい買切だから返品もできるのです。だから取次も書店も親しくなれば、どうしても気は心で、五冊が適正部数なのに、一〇冊注文を出してくれたりします。これらの注文は買切がたてまえなので、翌月には売れたものとして入金されます。だから営業部のトップの仕事は取次や書店と親しくなることで、そのためには仕事と直接関係のないつきあいが必要となってきます。

――それはものすごくわかりますね。バブルの頃までは営業マンがトランクにゴルフセットを積んでいた。書店主催のゴルフ大会があるので、それに参加するためです。常に積んでおくほど、そこら中で大会が開かれていたんでしょうね。

それからリブロの社長だった小川道明が『棚の思想』（影書房）の中でも、出版業界にはびこるゴルフ、宴会、麻雀を三悪とよんでいました。

**菊池**　それがうまく機能しているうちはよかったが、その均衡が崩れ始め、返品率が上がってきました。そうなると資金繰りが目に見えて苦しくなるわけです。そこで返品をカバーするために、さらに新刊を押しこんだり、取次から売掛金の前払いを受けるために走り回ることになり、本来の営業から逸脱してしまう結果を招いてしまいました。

――それでもはや売れそうもない焼き直しの『世界の文学 Eterna38』や『世界ノンフィクション Verita24』などまで刊行されるに至った。

## 26 会社更生法申請

**菊池** あの時は末期症状で、もうどうしようもなく、営業部の会議もほとんどが資金繰りのためのものでした。巡回販売で穴を埋められるようなものではなかったのです。このふたつの刊行後に「倒産」に追いやられたわけです。

全集や百科事典が全盛だった六〇年代は筑摩書房も平凡社もそれこそ一ツ橋や音羽と肩を並べるくらいの勢いがありました。読まなくても使わなくても、買って揃えておくという見栄、今思えば何と健気な見栄の時代だったのです。しかし私が入社した頃から、どんどん下り坂になり、七五年あたりが境目で、それが七八年になって来るべき時がきてしまいました。

――前に消費税のことも客観性を示すために、『出版データブック1945~1996』を引用しましたが、この倒産もそこから引いてみます。七八年の「10大ニュース」の二番目にすえられ、「筑摩書房倒産の波紋と再生へのけわしい道」という見出しになっています。

筑摩書房が七月一二日、東京地裁へ会社更生法を申請、事実上倒産したことは、出版界に大きな波紋を拡げ、その衝撃はマスコミ、読者を巻き込んで社会的話題ともなった。負債総額五三億円、一九六八年の河出書房、七四年の三省堂に続く最大の倒産であった。倒産の原因は、返品・在庫の急増による資金不足、ヤング向け企画が裏目に出たこと、ずさんな労務管理から生じた人件費の上昇などといわれた。

倒産に出版界の対応も早く、取次、書店とも、同社の再建が軌道に乗るよう、安易な返品を慎み、同社商品の増売を積極的にするようよびかけるなど、良心的な出版社として知られた筑摩書房を支援する声もあがった。

そして一一月一五日、東京地裁は会社更生法適用を認め、更生手続開始の決定をした。これによって同社は再建への足がかりは出来たが、翌一六日付で社員の四分の一にあたる五三人が希望退職し、残る一五三人にも同日から三五％の賃金カット実施で会社、組合が合意に達した。翌春から新企画もスタートさせ、『展望』の早期復刊などで再建をスムーズにしたいとしているが、厳しい状況下で〝再生筑摩〟の道は決して平坦ではないとみられている。

この倒産時に菊池さんは編集部に移られていたんですよね。

## 27 『江戸時代図誌』の編集

**菊池**　そう、もう七年目だったから、一通りは経験すべきだろうという会社の方針の反映もあってか編集に移りました、倒産の一年前には組合の委員長も経験しました。編集へ移ったのも先ほど話に出た『世界版画大系』や『江戸時代図誌』の藤原さんが、営業の向山部長に菊池をこっちに寄こしてほしいといってきたのです。それを受けて向山部長は編集現場でも勉強してこいと私を送り出したのですが、その頃今度社長になる熊沢も入ってきました。それで二人一緒に藤原の下で『江戸時代図誌』の編集をすることになったのです。

―― 藤原さんからご指名がかかったのは『世界版画大系』の販売促進の仕事で業績を上げたからですか。

**菊池** それはどうなんだろうね、聞いたことはないけれども。ただそれよりも苛酷な巡回販売にも耐えたのだから、体力だけはあると認めたからじゃないだろうかと思います。

その証拠というか、とにかく仕事がきつくて残業が多く、ものすごく体力がいるのです。要するに江戸時代の様々な文化遺産を街道別に編集していきます。全部で二五巻を毎月一冊出していくから、突貫工事なんです。該当資料がどこにあるかを調べ、著者に知らせて構成を決め、国会図書館などに調査にいきました。そして資料を所蔵している美術館等にカメラマンを連れて、撮影に行きました。編集現場でも事前にレクチャーも受けずに、先輩の見よう見まねで、仕事を覚えていったものです。

その『江戸時代図誌』に続いて『明治大正図誌』の仕事をしている途中で、「倒産」ということになりました。

その日の出勤途中で、血相を変えて歩いてくる営業部の後輩に出くわしました。聞くと会社更生法を申請したらしいというので、私は債権者が倉庫に押しかけ、在庫を持っていってしまうことを恐れ、若い連中を集め、ただちに大宮の倉庫に向かったわけです。裁判所の保全命令が出たのは翌日の夕方だったので、ほぼ一昼夜、倉庫につめていたことになります。さらに念のためもう一日警戒体制を解かなかったので、真夏に汗まみれで二泊三日の「在庫防衛」が実行されたのです。

この倒産については負債総額よりも在庫などの資産総額が多いことから、「不可解な倒産」などとマスコミに書かれ、社員にしても取引先にしてもまったく突然だったけれども、我々営業にいた人間からすれば、自転車操業的資金繰りに陥っていたことは前から明らかでした。だから会社更生法で立て直すしかないかもしれないと考えていたので、とうとうその時がやってきたと思いました。

――菊池さんにとっては会社更生法申請は自明の理だった。

**菊池**　まさにそうです。

# 第Ⅲ部

## 28　営業部に戻る

――それで営業部に戻るわけですね。

**菊池**　七八年七月一二日に会社更生法を申請し、更生手続の開始決定、つまり裁判所の更正開始決定が出たのが一一月一五日でした。その時点で向山部長から戻ってこいといわれました。そこで戻ってもいいけど、「俺が立て直すから課長にしてくれ」と返答しました。その際に向山部長がえらかったのは古参社員に対して、「希望退職に応じてほしい」といって、課長を始めとする古参を辞めさせたことです。しかもそれを終えたら、自分も最後に辞めるつもりでいたし、実際にそのとおりになりました。

そこで私が販売課長、加田肇が営業課長、岡本格が販売計算課長に就任しました。我々はほぼ同年で、三〇歳前後でした。これで在庫販売をメインとする営業部の強化に取り組むつもりでいました。もちろんここに至るまでには四代目社長岡本猛から関根栄郷管財人への経営シフト、組合と希望退職問題、債権者会議、社員の給料カット、資金調達のことなど語っていけばきりがないほどですが、とりあえずは若手の組み合わせで、再建に向けて営業部はスタートしたことになります。

――それを称して、「ポツダム人事」とか、取次の有力者から、「お前が課長になるなんて」といわれたと仄聞したことがありますが。

**菊池** そういう風評はいくつも囁かれていたけど、その人から面と向かっていわれたのは役員になった時です。向山部長が辞めたので、三五歳で部長になり、三七歳で役員になりました。そうしたら神田神保町の「すずらん通り」で、その人に会った時に、「菊池君、お前が役員か。人材がいないんだな」と揶揄されました。これは嫌味というよりも、好意的な面が含まれていたと今でも思います。

――それは筑摩のような人文系の書籍出版社に対する取次の見方を象徴しているような気がする。きっと誰がやっても大変なんだから、君もこれから苦労だなというニュアンスも含まれていたんでしょうね。

## 29 月販本市場の凋落

**菊池** それはそうだろうね。その人は当時花形の月販会社をずっと担当し、上級役員にもなっていました。私は「ほるぷ」に若い頃から全集の売り方の研修、つまりどうやって文学全集を売るのか、そのセールスポイントは何かといったマニュアルを教えにいっていました。だからお互いに事情はわかっていたから、そういった言葉もかけられたんだなと思っています。それとパラレルに、「ほるぷ」と月販本市場も下り坂になっていたのは明らかでした。

本の月賦販売の専門会社は「ほるぷ」と「ブックローン」に代表されていました。全集の時代の画期的商法だったわけだけど、金を証券で売る詐欺商法の豊田商事事件が起きた頃から訪問販売や職域販売がやりにくくなり、多くの本の月販会社がどんどん駄目になり、バブルが弾けたあたりで、ほぼ全滅になってしまいました。

本の月販会社の商売の仕方が荒っぽかったのも事実で、毎月集金する必要のある書店の外商と異なり、自動引き落としのために一回買ってくれればそれでいいという傾向も強かったから、ピークを過ぎれば、市場としての疲れも早くきてしまったのです。その代わり勢いのある時は二年月賦で文学全集や百科事典が買えるということで、ものすごく盛況でした。

―― 月販の話が出ましたから、ついでにいいますと、みすず書房の『現代史資料』があり、編集長の小尾さんが「ほるぷ」で売らせてくれとのオファーを受け、そのようにして売るようなものではないと断わったという神話的エピソードが伝えられている。

**菊池** それは有名な話だし、実はみすず書房には筑摩の「倒産」後に編集者が何人も移っています。

―― これは私のよくない裏目読みなんだけど、『現代史資料』は「ほるぷ」のオファーを断わることができるそれなりの販売ルートがあったのではないかと思っている。

私も『現代史資料』を持っていて、必要な時に手にするわけですが、よくぞ出したものだという感嘆の思いに加えて、どうやって売ったのだろうかという疑問が浮かび上がってくる。書店の店売で売れ、ロングセラーになり、完結に至ったというのは筑摩書房の巡回販売の例からしてもありえない。

**菊池** 巡回販売をしたとしても、『現代史資料』のようなものはそんなにうまく売れません。

―― そうでしょう。とすれば、店売でも巡回販売でも難しい。でもあれだけの大冊シリーズが完結に至ったことは採算ベースの販売部数が別に確保されていたと見なしてもいいような気がする。

そう考えていたら、筑摩書房の『占領下日本社会』の中に小尾さんが松本清張の『日本の黒い霧』の情報提供者だったとの説が出されていた。そこでひょっとすると、『現代史資料』も大月書店の『マルクス・エンゲルス全集』のような販売ルートに乗っていたのかもしれないと思った。戦前の出版物を調べていっても、左翼出版物の販売は特殊で、どうも全貌はつかめない。ただ信じられない部数を売っていることだけは事実です。『現代史資料』の販売ルートがどうであれ、その出版価値を貶めるつもりはまったくありませんが、販売の側面から考えてみると、このような視点も出てくるわけです。

**菊池** 出版というのは編集から見ると、それなりの神話や伝説を形成するけれど、営業や経営、流通や販売から眺めると、一筋縄ではいかないし、各社それぞれの事情が秘められているからね。筑摩の場合ははからずも「倒産」によって、それらの大半が明らかになってしまいました。

―― 筑摩の場合は倒産後に編集も営業もテリトリーを横断するかたちで再編成されたわけだから、そういう意味では本当によかったんでしょうね。

そこら辺のことで一番思い出されるのは、やはり辞めてしまったけど、当時あなたと一緒に営業にいた菊地史彦のことで、私は彼ととても親しかったから、彼に電話することも多かった。それで「キクチさんをお願いします」というと、「どちらのキクチですか」と電話に出た人がいうので、いつも「ヒラのほうをお願いします」と頼むわけです。そうすると電話の向こうでどっと笑い声が上がる。そんな馬鹿なことを繰り返していたのが三〇年前ですから、私たちも歳をとったものです。

## 30 相田良雄と『出版販売の実際』

――さて話がそれてしまったので、元に戻します。みすず書房にふれたのは、倒産後に販売課長になった菊池さんに大きな影響を与えたのがその営業部長だった相田良雄さんだったからです。

**菊池** その前提というのは「倒産」がものすごく薬になっていたことです。これまで話したようにまったくいい加減といっていい新刊配本が「倒産」の背景にあると考えるしかなかったのです。売れもしない新刊を大量に送り出し、これまた信じられないほどの大量の返品が戻ってくるわけです。それがピークに達した時に「倒産」に追いやられたからです。

――当時の常備特約店はどのぐらいだったんですか。

**菊池** 紀伊國屋書店、丸善、有隣堂、旭屋書店など大手書店が中心で、全国二〇〇店ぐらいじゃなかったかな。それで返品条件付でこちらから指定配本していました。

それから取次まかせの配本もあるし、普通の営業や巡回販売のために地方書店を回ると、売れ残っている分が山のようにあり、その返品を受けざるをえなかったのです。だから買切というのは建て前ばかりになって、送品と返品のバランスがとれているうちはよかったのですが、結局のところ過剰生産と送品、過剰返品の繰り返しに陥ってしまいました。

――そうですね。過剰生産と送品の繰り返しになったところで、読者が急に増えていくわけはない。まして臼井吉見の『事故のてんまつ』以外のベストセラーはなかったわけだから。

**菊池** だからこそ、このような状況を打破できなければ、筑摩の再建はできないだろうと思っていた時に『出版販売の実際』（日本エディタースクール出版部）という本に出会いました。これはオーム社の須長文夫さん、今は岩波ブックセンターの柴田信さん、それと相田良雄さんの共著だったが、とりわけ相田さんの担当した「出版販売の実際」に目を開かれる思いをしました。

――それは菊池さんだけじゃなかったと思いますよ。私の持っている『出版販売の実際』は古本屋で求めたものですけど、明らかに出版社の営業の人が読んだものだと思われ、書きこみと傍線だらけで、「委託配本部数が多すぎる」というところに傍線が引かれていて、何か身につまされる。

それと奥付を見て驚いたのですが、発行が七八年七月二五日で、筑摩の倒産の同月のすぐ後に出ている。これも偶然のようには思われませんね。

**菊池** そうか、それを今思い出しました。確か「倒産」直後に読んだから、余計に切実だったんだなと思います。

実は相田さんには以前に筑摩の営業部にレクチャーにきてもらったりしていました。それは私の入社以前のことで、かつての営業の役員と相田さんが親しかったからです。ところが何の勉強にもなっていなかったことは今まで話してきたとおりです。

## 31　スリップ回収による単品分析と管理

――ここで菊池さんが『出版販売の実際』から学んだことを簡単に挙げてくれません

か。

**菊池**　それでは箇条書きにしてみます。

1　いかに本を普及させるかが著者に対する出版社の責任である。

2　出版営業は取次、書店、読者に対して、本を普及させ、出版業を継続させることを目的とする。

3　新刊の部数・定価は営業部、編集長、編集担当者との三者で相談して決める。

4　新刊は委託であるが、書店からの申込配本とし、注文分しか出さない。常備寄託も回転率のよい書店に限定する。

5　書店から回収したスリップ（売上カード）分析によって、市場調査とデータ管理を行ない、在庫や重版の判断にフィードバックさせる。

この中でも目から鱗だったのは5で、スリップ回収による単品分析と単品管理ができることを教えられました。須長さんや柴田さんもそれぞれの立場から同様のことを述べていました。

私は筑摩の営業もこれを導入すべきだとすぐに思いました。

例えば、売上スリップ分析によって、ある書店は『夜と霧』が一ヵ月に一〇冊売れているとわかるわけです。ということは一〇冊平積みしても大丈夫だ、あるいは五冊ストックしておいてもかまわないわけです。このデータからして、重版のタイミング、その分野の新刊配本のおよその部数がつかめることとなります。

また相田さんはそこでも七四年の常備店の売上スリップ分析によって、みすず書房常備店四一九店での売上占有率が七〇%、都内と都下のシェアが四〇%、年間で三〇〇〇冊売っている書店が都内で一六店、地方で一〇店というデータを示してくれています。

ミクロもマクロもスリップ分析できるし、これこそが筑摩書房に欠けていた出版マーケティングだと確信しました。

――それまでスリップ分析という視点はまったくなかったわけですか。

**菊池**　須長さんたちの工学書協会、みすず書房などの人文会の数社、それから書店では柴田さんの芳林堂などで採用、導入されていたことは知っていました。でもそれは専門出版社だからできることで、筑摩では無理だと思っていました。

――でもスリップ回収はやっていましたよね。

**菊池**　やっていたというよりも常備書店などから送られてきたが、報奨金もついていなかったし、せいぜいあの書店は結構売ってくれているなといったところで、分析したりする余裕もノウハウもなかったのです。そういったソフトの観点がすっぽり抜けていたといっていいかな。とにかくハード一本槍の巡回販売と資金繰りに追いかけられていたから、そのような考えに至りつかなかったというのが事実だろうね。

――それではすべてにおいて、倒産がターニングポイントだったんだ。

**菊池**　そういうことだね。だから『出版販売の実際』で提起されたスリップ分析によるマーケティングをどのように取り入れていくのかというのが、「倒産」後の営業における大きな問題になりました。

そのために我々は相田さんに弟子入りをしました。彼がやったことを本当に学びたかったからです。それは筑摩だけでなく、晶文社の中村社長と営業の萬州さんや島田さんも同様だったと思います。

それから営業部全員に会社の経費で『出版販売の実際』を一冊ずつ持たせ、相田さんの講演会には必ずいかせるようにしました。とにかく何としてでも、「倒産」時のような目茶苦茶な新刊配本だけでも変えていかなければならないと思ったし、相田さんに学んで正解だったと思います。

――　私は相田さんと面識がなかったけれど、『出版販売を読む』（日本エディタースクール出版部）に目を通し、感銘を受けました。これは九三年に出たものですが、数年前のエディタースクールでの講義をもとにしたものだから、筑摩の営業の人たちも聞いていたかもしれません。

戦後出版史から見ても、これは『出版販売の実際』と並ぶ類書のない貴重な人文書営業、販売史で、五〇年代の書店が今から考えられないほど小さく、本の分類もなされず、ただ並べてあっただけで、今のようなイメージになるのは六〇年代以後だとの証言はリアルそのものです。それと専門書版元の高正味問題に対して、正味を下げ、定価を上げ、書店のマージンを増やすべきで、そのことによって書店と専門書版元は生き延びていくべきだとの提言は的を射ているし、やはり見ている人はいるんだと思った。

**菊池**　でもその相田さんも一昨年に亡くなってしまいました。これも戦後の人文書営業、販売のひとつの終わりを告げているのかもしれません。

## 32　倉庫にいた田中達治

――いや、そんなことはないでしょう。みすず書房のみならず、菊池さんたちと筑摩書房には引き継がれたわけだから、少なくとも途切れてはいない。ずっと近代出版史を調べていてわかるのは、編集、営業、企画、人脈が連鎖して続いていっているという事実です。それは相田さんの遺志も同様だと思う。

ところでその筑摩の営業改革において、菊池さんに連れ添ったのが亡くなった田中達治さんだと考えていいのですか。

**菊池**　そう考えてもらってかまいません。それに彼は仕事仲間でありましたが、友人でもあり、弟のような存在でした。

――彼も〇七年に亡くなり、もう五年が過ぎようとしている。だが幸いにして〇八年に遺著として『どすこい出版流通』が出されましたので、文章にはふれることができるし、このシリーズでも今泉、伊藤、中村の三氏がいまだに田中さんのことを語り続けている。これは移ろいゆく現在の出版業界でも稀なことですし、彼こそは筑摩書房の出版物、ブランドと神話、営業という三位一体を本当に体現し、そして死んでいったような気がしてならない。そういった意味で、彼は筑摩のトータルな歴史を流通販売市場に身をもって示した存在だったのではないかと思えてくる。

そこで最も身近にいた菊池さんに田中さんのことをあらためて語ってほしい。そもそも倉庫にいた彼を引っ張ったのは菊池さんだと聞いてもいますので。

**菊池** 田中は七六年に倉庫担当者の募集に応じ、筑摩書房に入社し、それで「倒産」を倉庫で迎えたわけです。その前から倉庫にいる田中という男が在庫、返品、流通などに精通し、編集の人間が重版についての相談を持ちかけていることも聞いていました。

だから私も彼と話すようになり、「倒産」前の無理な押しこみ送品と大量返品の悪循環を冷静に見て、どうしてこんな無駄なことばかりを繰り返しているのかという疑問を抱いているとわかりました。もっとも倉庫は小学校の元木造校舎を改築したひどいもので、夏の猛暑、冬の厳寒の劣悪な労働環境に対する愚痴も聞かされましたが。

そうした話を通じて、田中が倉庫というローアングルな視点から、筑摩の抱える大きな問題に他ならない在庫の核心をつかんでいると思いました。生意気なのはわかっていましたが、それで私が販売課長になってから、彼を販売課に迎え入れることにしました。これが彼が倉庫から営業に移った経緯と事情ですね。

それから書店営業を担当し、倉庫の経験を十分に生かし、取次や書店に対しても理解と共感の得られる営業マンとして、出版業界全体で認められる存在に育っていきました。だからこの人事は大正解だったと確信しています。また彼はアイデアマンだったし、実行力も抜群で、私が部長になった時、課長にすえました。それが八八年のことで、彼とは〇七年まで二人三脚で歩んできたことになります。

――その話を聞いて、このシリーズ2の伊藤氏のことを思い出しました。彼も山下書店にアルバイトで勤め、最初の二年間は返品に明け暮れ、そこで様々な商品知識、及び流通と返品に関する問題をつかみ、その経験がカリスマ書店員としての人生に生かされていく。

**菊池**　それはよく似ていると思いますね。在庫、返品、流通に通じている人間は意外と出版業界で少ないと思います。そこでつかんだモチベーションは付け焼刃ではないので、本当に助けられましたね。

それでいて半面は無精なところもあり、私のようにマメに動かずに、無駄な力を注がず、突拍子もないことを思いつき、それを実行に移したりするのです。私とは発想がちがうし、頭もいい。だから本当にデコボココンビで、彼に支えられたなと、いなくなった今でも思い返すことがあります。
私が部長になった時、彼が課長、それから私が社長になった時、彼が営業部長で、うまいコンビネーションでした。基本的な考えは同じで、それでいて私の気づかないところに彼が気づき、彼が気づかないところに私が気づく、そういう組み合わせでやってきました。もちろん喧嘩もしましたけどね。

## 33 編集部事情

――田中さんのことはまた後でうかがうとして、彼と二人三脚的な歩みで、筑摩書房の営業をマーケティングを含め、新たに構築していくわけですが、一方で当時の編集部の状態はどうだったんでしょうか。これは言いづらいかもしれませんが、やはり聞いておかないといけませんので。

**菊池**　一般的にいって、筑摩は「編集のユートピア」と呼ばれているように、編集者はのんびりしていたし、原価意識と流通販売に関してはまったく駄目で、少し教育しようとしても難しかったのが実際のところです。

どうしても会社の内情よりも著者のほうに顔が向いてしまい、著者の言いなりになってしまうのです。これは創業者の古田さんの意識と方針からきているわけですよ。著者の言いなりというのは、著者をひたすら立てていい本を作ることで、金に糸目をつけないというある意味での悪しき伝統がずっと残っていました。実際にぜいたくでいい本を作るんだけれども、原価率が高すぎるのです。それで原価表を出したりしても、理解できないわけです。

みすず書房の相田さんの「いかに本を普及させるかが著者に対する出版社の責任である」という営業の論理をわかってくれませんでした。

著者のほうも筑摩から出すというと、やはり他社よりも評価されるので、いいものを書きたいと身構えてしまう方が多かったようです。それはいいんですが、その代わり時間がかかってしまい、締切を守ってくれません。そして他社であれば、もう少し面白く書くはずなのに、裃を着て書いてしまうので、格調は高いけれど売れない本になってしまうことが多々ありました。そういう意味で、編集者が著者にこういう本をと注文するのではなく、著者のひとりよがりな本ができてくるケースが少なからず生じました。これを著者の言いなりといっているわけです。それで編集者は著者と同等の立場にいると錯覚している、それが一部の編集の実態でしたね。

――そうなると編集者というよりも、著者の御用達で、いただいてくるという感じですね。

**菊池**　それは紙や印刷業者に対しても同様で、慣れ合いの関係が長い間続いていたこともあって、コストがかなり高かったと思います。もちろん業者の方々からすれば、苦しい時には随分迷惑もかけられたし、面倒も見てきたはずだという思いは否定しませんが、それにしても高かったと思うし、それは相見積りによるコストダウンをやってみて、ものすごく甘い対応をしていたのだと実感しました。

それらの編集や製作の実情から、「筑摩はつぶれて当たり前だ」とか、「とんでもないコストをかけて本を作っていた」とか、「倒産」後にあちこちから聞こえてきましたよ。

## 34　組合問題

――それからこれもいいにくいでしょうが、組合問題というのもあった。

**菊池**　「倒産」前には社員も二〇〇人に近づいて、大所帯になっていました。それで高給で、ボーナスも高く、組合も強い。だから人件費も何もかもが大変で、『世界版画大系』二〇〇〇セットを完売し、六億円を稼ぎ、我々も巡回販売に明け暮れ、その一方で「ほるぷ」などの月販を通じて全集類をガンガン売ってもらっていました。ところがそれらを全部足しても、焼け石に水というか、借金は減らないのです。すべては筑摩の構造的問題によっているわけですが、それまでは危機になると、古田さんが私財を投げうち、山を売ったりして、金を何とか都合してきました。だから高利貸問題も含め、創業者の資金調達力にたより、経営的にサバイバルしてきたという現実が否応なく筑摩の体質になっていました。

――それが筑摩の出版物のブランドと神話を支えていた。

**菊池**　そういうことです。だから後継の社長も組合も、そのような創業者の寛容と後ろ盾から意識的に脱皮できていなかったと思います。

前に少しふれましたけど、「倒産」する一年くらい前に、私は一回だけ組合の委員長をやったことがあります。その時にはもう危機的な状況にあることはわかっていたので、三代目の井上社長に賃上げ、ボーナス交渉の時にいったんです。

「会社が苦しいことはこちらもよく承知しているから、賃上げを低くしてくれ、ボーナスを下げてくれと、どうしていわないのか」と。そうしたら「そんなことをいったって、組合の皆さんはいうことを聞かないでしょう」という返答が戻ってきた。本当に危機的状態だったんだから、もっと経営側も組合も歩み寄ればいいのにと思いました。

それで私はいつもボーナス四ヵ月を要求しているのに、切り下げて三・五ヵ月要求にしました。だから組合委員長として評判が悪く、ものすごく組合員から悪くいわれ、組合の中で喧嘩にもなりました。

―― なるほど、これで菊池さんから見られた大体の倒産前の筑摩書房の見取図が描かれたことになりますが、もうひとつあらためて聞きたいのは二代目社長の竹之内のビデオ企画の失敗のことです。菊池さんが入社して初めての仕事がこの販促営業だったわけですし、やはりその後の企画、経営問題に関しての反面教師になっていることは間違いないと思われますので。

**菊池** それは本当にそうです。

## 35　二代目社長竹之内静雄

――なぜこの竹之内問題を取り上げるかというと、筑摩書房をめぐる様々な出来事とエピソードにおいて、彼だけが悪者扱いされていて、それがとても気の毒なように思われるからです。

『筑摩書房の三十年』の中で、彼は京大出身の優秀な編集者にして、古田の片腕的存在で、一枚の写真も掲載されているほどでしたから、臼井吉見、唐木順三、中村光夫たちと並ぶ重要な筑摩の創業メンバーだったはずです。

それなのに古田亡き後に出された『回想の古田晁』（径書房）、野原一夫『含羞の人』（文藝春秋）、塩澤実信『古田晁伝説』（河出書房新社）などから、八代目社長の柏原成光『本とわたしと筑摩書房』（パロル舎）に至るまで、今度は打って変わって、ことごとく悪者扱いされている。筑摩書房をめぐるドラマは多くが善人しか登場してこないので、竹之内の扱いはいやでも目立たざるをえない。

**菊池**　竹之内さんは結果として、筑摩書房の悪役を一手に引き受ける悲劇を演じてしまったと判断しています。おそらく彼は京大出身だったこともあり、長野、東大、古田ラインにつながるこれまでの文学全集など、企画でいったら、自分はかなわないことをよく自覚していたと思います。だから古田さんが筑摩の光であったとすれば、竹之内さんは影の部分を演じてしまったのかもしれません。その出発点は人文書+アルファ路線では駄目だとの認識があり、これからは多角化し、経営を安定させようとした。だから出発点も発想も決して間違えてはいなかったのではないかと思います。

――前述した私の比喩でいえば、古田が母性であったのに、竹之内は父性を演じようとしたのかもしれない。

**菊池**　そういう見方もあるでしょうね。

でも出発点からすると、『世界ノンフィクション全集』は前にもいったけど、先駆的な企画だったし、ノンフィクションという言葉もここで定着しました。それからソノシートによる『世界音楽全集』『現代謡曲全集』など、美術書の『日本文化史』なんかも営業的には成功しました。

その竹之内路線を受けて、社会科学部門の『経済学全集』『資本論研究』『経営学全集』『現代法学全集』なども出されるようになったのです。それにあの『現代漫画』だって、古田さん時代であれば、とても出さなかった企画でしょう。

だから竹之内さんの功績は確実にあったわけです。ところが『現代医学臨床大系』の失敗で、すべてがマイナスになり、一挙に悪役扱いされることになってしまいました。自分も経営を長くやってきたので、竹之内さんの悲劇も理解できるような心境に達したことも事実です。

でも当時はいくらソノシートで成功したといっても、次はビデオだということで、そのようなあまりにも時期尚早の高額企画を実現させてしまったことはいかにもおかしな話だったと思います。

―― 今から考えてもおかしな話ですよ。社内で企画されたものでは絶対にないし、外部のどこからか竹之内のところに持ちこまれた企画でしょう。

**菊池** それも知らされていなかったけれど、医学書の中山書店が同時にやり始めていたのですが、短期間ですぐに撤退してしまいました。医書専門の版元がやって駄目なんだから、いくら筑摩が巡回販売に強いからといって、成功するはずもないわけです。

そして当時私は新入社員でしたが、一巻が五万円で初任給よりも高いわけだし、ビデオのハードも普及していない。いくら医者が金持ちでも本当に買うのだろうか、時期が早過ぎるのではないかと営業の先輩にいったら、えらく怒られた記憶が残っていますね。やはり否応なく危機が迫りつつあることが強迫観念になっていて、経営陣もそれを自覚し、『現代臨床医学大系』のような企画に走ってしまったんだろうとしか思えません。

でも現在に引きつけてよく考えれば、こういうことですよ。電子書籍時代を迎えているから、私が率先して、『現代日本文学全集』と『世界文学大系』を電子書籍化し、巡回販売で全国の読者、学校、図書館に売って、大儲けしようといったら、社内で大笑いされるし、馬鹿にされるのがオチです。デバイスが普及していないから、成功するわけがないし、六年前にソニーと組んで、リブリエをやった時もしかりでした。

ところがそれと同じような『現代臨床医学大系』は企画が通ってしまったのだから、これは竹之内さんの責任もあるが、営業も含めて筑摩全体の問題と失敗だったと考えるしかありません。多角化路線という発想は間違っていなかったけれども、肝心の企画力がついておらず、その結果、暴走してしまったのです。

だから私も「倒産」後に多角化路線を進めていくわけだが、常にそこに安定性のある企画を求めるようにしていました。それが竹之内さんと『現代臨床医学大系』の失敗から学んだ教訓でした。

## 36　会社更生法以後と一〇〇％弁済

――なるほど、よくわかりました。そうした教訓を得て、会社更生法以後に臨むわけですが、こちらも予期せぬことが待っていた。

**菊池**　そうです。実はご存知のように会社更生法というのは負債のカットを前提としています。しかし筑摩の場合、最終負債額は三六億円となったのですが、更生計画では負債のカットはなされず、一〇〇％弁済という異例のものになってしまいました。そして弁済原資は営業収益から捻出するために、一五年の長期弁済計画となったわけです。

――それはどういう事情なんですか。会社更生法の場合、最低でも三割カットは常識だとされていますが。

**菊池**　この決定が出されたのは二年後の八〇年九月でした。その経緯を簡単に説明すると、筑摩の会社更生法申請は銀行の融資や取次からの仮払いが受けられなくなり、キャッシュフローが枯渇したのが原因でした。だから黒字倒産ではないが、それに近かったので、欠損は少なかったのです。そこで債務カットをすると、その分だけ利益が出たことになり、数年で税金が発生してしまう計算になります。そのために、税金を払うよりは債務カットをしないで、債権者に一〇〇％払ったほうがいいだろうという結論になりました。

――最近の民事再生法だと債務の八割から九割カットは当たり前ですが、良心的な倒産とでもいっていいのかな。もっとも筑摩は倒産まで良心的だったという債権者はいなかったでしょうが。

**菊池**　さすがにそれはいないですよ。

それで三六億円の負債のうちの四〇％の一四億円を最初の五年間、次の七年間で五二％の一八億円を弁済することになりました。これは利益の中から支払うことが原則なので、会社の企業性と採算性が求められなければならなかったのです。

――今までは文化性がメインだったから、筑摩書房のパラダイムチェンジというわけですね。

**菊池**　そのために社員の約四分の一のリストラ、給料の三五％カットがなされました。これらのことも話せばきりがないけど、そのような処置にもかかわらず、売上が急激に落ちるということはありませんでした。

書店の支援があったことも影響し、既刊本がよく売れ、また全集類も売上に貢献しました。これが単行本ばかりであれば、倒産後だから売上の確保もままならなかっただろうと思われますが、筑摩ならではの全集があったおかげで、何とか急場をしのぐことができました。

――それとパラレルに新しい出版企画が出されていった。

**菊池**　『筑摩書房　それからの四十年』の中ではそれを「筑摩」から「ちくま」へと呼んでいますが、これは倒産直前に創刊した「ちくまぶっくす」と連動していますね。その前にもＰＲ誌『ちくま』、児童書の「ちくま少年図書館」に平仮名書きを導入していたのですが、倒産後の平仮名化は「ちくまぶっくす」を範としています。

編集部からの意見で、もう「筑摩」という字を読めない世代も増えてきたし、創業者の古田さんも亡くなり、社内でも社名の由来をほとんど意識しなくなっていたことも原因でした。

――私は同じく長野出身のみすず書房の表記もあるので、それをいくらか見習ったのかとも思っていましたが、もっとシンプルな判断だったんですね。

## 37 「ちくま」と新しい企画

**菊池**　それに合わせて、新しい企画に次々と「ちくま」をかぶせるようになっていったわけです。それを創刊順に並べてみます。

1 「ちくまぶっくす」（七八年）
2 「ちくまセミナー」（八三年）
3 「ちくま文庫」（八五年）
4 「ちくまプリマーブックス」（八七年）
5 「ちくまライブラリー」（八七年）
6 「ちくま文学の森」（八八年）
7 「ちくま哲学の森」（八九年）
8 「ちくま日本文学全集」（九一年）
9 「ちくま学芸文庫」（九二年）

## 10 「ちくま新書」（九四年）

――倒産後の新しい「ちくま」の出版動向を見事に物語るラインナップになっている。

**菊池** 私もあらためて列挙してみて、しみじみそう思いますね。

――でも古い社員からは反発が出たこともあったでしょう。

**菊池** こんなパンフレットかペーパーバックみたいなものを出してという思いは強かったでしょうし、実際に文句や嫌味をいわれたりしました。特に九二年に「筑摩叢書」を絶版にしてしまった時には色々な悪評が立ったことを覚えています。

しかしかつての「筑摩」から「ちくま」への移行は戦後日本社会の変化に対応するものだし、それこそこのチェンジは新しい「ちくま」の文化性、企業性、採算性を確立し、維持するためには必然的な選択だったと思います。

――それはものすごくよくわかります。

この十年ほど近代出版史をずっと調べていてわかったのは、日本の出版業界は大手出版社の雑誌を中心にして組み立てられたシステムによって成立しているという事実です。つまり基本的に流通を担う取次も販売する書店もそれに大きく依存しているし、金融も同様だ。それゆえに出版社は定期的に刊行される雑誌を持たないと経営的に持続が難しい。書籍出版社が死屍累々なのはそのせいです。

このことに言及すると一冊ではすみませんので、これ以上踏みこみませんが、書籍出版社としてこの難問に挑んだのが筑摩書房だったと私は判断しています。それはどういうことかというと、雑誌の代わりとして、月刊誌のように文学全集類を刊行することで、雑誌と同様の入金システムを成立させようとした。これが意識的になされたかどうかはわかりませんが、金融機能とすれば、定期的に刊行される全集類はその役目を果たします。他社に比べて圧倒的に多いその全集類はそれを証明していると思う。

**菊池**　なるほど、そういう見方もあるのですか。

――それが筑摩の戦後から倒産前までの実態だった。もちろん古田晁はそのことをわかっていたし、また日本の出版業界のステータスが総合雑誌にあると考えていたから、『展望』を始めとする雑誌にこだわり、看板となる総合雑誌に育てようとしたが、失敗に終わってしまった。それはどうしてかというと、今度は逆に雑誌を書籍のように出してしまったからではないか。このこともここで止めますが、そんな気がしてならないのです。

とすれば、全集類の雑誌化の試みが一応の終わりを見たこと、それが倒産として現実化した。ですから新しい書籍の雑誌化を試みなければ、新しい「ちくま」は再建できない。そこで必然的に毎月刊行される様々な「ちくま」シリーズが企画され、その代表的なものが「ちくま文庫」「ちくま新書」として、今日の会社の採算性を支えている。そんなふうに解釈してかまわないでしょうか。

**菊池**　営業と経営から見ると、そのとおりだと思います。営業に関しては文庫や新書の定期刊行物が自社のブランドとアイデンティティになることはいうまでもないけれど、金融的にも毎月点数が決まって出るわけだから、安定性につながります。単行本の刊行はえてして遅れるし、定価も統一されておらず、資金繰り計画にとっては不安定きわまりありません。しかし文庫や新書は取次や書店に対して、また読者に対しても点数や発売日を守らなければならないので、確実に出していかなければならないのです。

## 38　「ちくま文庫」

――「ちくま」の名を冠した新しいシリーズを挙げてもらいましたが、この中でのターニングポイントはやはり「ちくま文庫」の創刊でしょうね。

**菊池**　倒産後のターニングポイントを決定したのはこの文庫ですね。企画提案したのは松田哲夫で、彼は現在の出版の大勢が文庫の時代となりつつあり、文庫を持たない筑摩は他社の草刈り場になっているので、まずは防衛し、それから攻撃に向かうために文庫創刊をという主旨の提案をしました。

――それは彼の『編集狂時代』（新潮文庫）の中に詳しく述べられている。

**菊池**　八五年創刊なんですが、社内では意見が割れ、編集部では古参の社員を中心にして、反対の声が多かったのです。「編集者にしてみれば、汚らわしい仕事で、文庫のような安直なはしたない本を作るべきではないし、筑摩はそんな出版社ではないはずだ」というわけですよ。

ところが松田がいうように、筑摩の本は他社の文庫の草刈り場になり、どんどん持っていかれ始めていました。ちょっと売れた単行本なんかはすぐに文庫化のオファーが出され、松田にしても自分の手がけたベストセラーの浅田彰の『逃走論』を持っていかれるのではないかという思いが文庫の創刊企画に結びついているわけです。

もし他社の文庫に入れられれば、当然のごとく単行本は売れなくなるし、それが続いていくとすれば、筑摩は他社のために文庫のネタを作っていることになり、そのために苦しくなることはこれまた見えています。ただ自社で文庫を持てば、その流れは食い止められるわけです。出版業界における文庫化の流れは止められないし、若い層への文庫の浸透はこれからも進む、それが当時の私の判断でした。

だから自分としてはやってみる方に傾き、正式に営業部から編集部での具体的な検討を要請しました。それで自社の文庫化できるものが挙げられ、三〇〇点はあるということになりました。しかしこの点数では毎月五冊出したら、五年でおしまいだとの悲観論も聞こえてきました。それに対して、文庫のブランドを確立すれば、逆に他社からもいただくこともできるようになるという意見も強くありました。

――実際にそうなったわけですね。

**菊池**　でもそれは結果としてそうなったわけで、創刊するとなると、宣伝費、製作費といった単行本と異なる先行投資が必要となります。やはり冒険だったことに変わりはありません。

それにまたしても営業的には危機が訪れていました。月販の売上シェアが最盛期に三分の一を占めていたことは話しましたが、そのメインの「ほるぷ」が衰退し始めていました。倒産後の取引先としても、「ほるぷ」は売上が大きいし、とても危険な構造になっていました。「ほるぷ」も必死で、焦っていたが、数年すれば駄目になるのではないかというのが私の推測だったし、「ほるぷ」の内部からもそういう声が聞こえてきました。九〇年代になって実際にそうなってしまいました。

だから「ほるぷ」に代わる売上を確保する手立てを考えなければならなかったのです。それで今のうちに文庫を創刊し、新たな売上シェアをめざすべきだと決意をしました。間に合うかどうかはわからないけど、この時期に創刊しておけば、必ず売上の柱となる成長を示すだろうと予測しました。それでスタートしたのです。これも結果的にふり返ってみると正解だったと思います。

## 39 創刊事情と書店

―― 文庫創刊のことで、田中さんとよく話したことを覚えている。彼は営業を通じて、筑摩が文庫を創刊することに対し、書店現場では賛否半ばの感じだとわかっていた。

**菊池** それは筑摩全体にも伝わっていました。これは我々が七〇年代の出版業界でまさに経験したことだけど、七三年に中公文庫などが創刊され、第三次文庫ブームが起きました。それから七七年にメディアミックス化した角川文庫商法が導入され、それまでの文庫のコンセプトを変えてしまいました。この時から文庫には軽薄短小というマイナスイメージがつきまとうようになり、先に挙げた編集部の否定的見解もそれによっていたわけです。だから筑摩と文庫はミスマッチだとの意見、書店からのそのような声も上がるだろうと思っていました。

――そうですね。七〇年代における文庫のイメージのパラダイムチェンジもすでに四〇年前の出来事なので、今ではそれもほとんど忘れ去られてしまっている。ただそのような文庫のイメージの変化を背景とする時代に、ちくま文庫も創刊されたことは出版史の事実として理解しておくべきですね。その流れの中に倒産後の一連の「ちくま」シリーズの創刊も位置づけられるのですから。

**菊池**　そう、営業・経営的な大きな流れから見れば、「ほるぷ」に象徴される全集類の販売から、ペーパーバック化へシフトすることによって、サバイバルを図り、それで何とか現在までこぎつけたというのが正直な思いですよ。

――しかしそこにも筑摩ブランドは引き継がれ、こちらもサバイバルしてきた。

私が田中さんと話していたのは文庫創刊の成功の鍵は書店の棚を占拠できるかについて

だった。つまり創刊時には宣伝も営業もかけるので、どこの書店でも平積み販売をしてくれるし、平台の確保は間違いない。だが問題なのはその後で、どれだけ書店の棚の占拠を持続し、広げていけるかにかかっている。新たな文庫の創刊があったにしても、書店の文庫棚は増えるわけではない。つまりゼロサムゲームだから棚を新たに占拠するためには他社の文庫を外す必要がある。それは売れ行きもしかりだが、書店の文庫担当者の裁量次第だ。そこで筑摩のブランドが通用するかどうか、もし通用し、棚の占拠が続き、広がっていけば、すぐに売れなくても書店の滞留在庫になってしまえば、返品も少なくなるし、継続販売も可能で、それが一〇〇〇店ほどベースとして確保できれば、ちくま文庫は成功するという話を交わした。

おそらくそのことを実感としてわかっているのは筑摩の田中さんだけじゃないかと思ったからです。

**菊池** それは田中も「倒産」後に営業に出たから、書店で売ってもらえることの有難さ、棚や平台を確保することの難しさを、骨身にしみてわかっていたからね。同じように文庫、新書を出している大手出版社はそれを実感としてわかっていないかもしれません。

―― まったくないですね。出せば売ってくれると思っているし、営業の人たちにしても、そういう発想はない。でも筑摩だけは編集部も含めて、そこら辺までは考えていた。

**菊池**　文庫の代々の編集長も書店フェアにはかならず言葉を寄せるようにしていたし、それは『筑摩書房　それからの四十年』にも収録しておきました。

――かくして「ちくま文庫」は八五年一二月に一挙に二〇点刊行して、順調なデビューを飾る。

**菊池**　そういっていいと思います。一週間後全点が重版になり、幸先のいいスタートとなりました。初回配本はそれまでの筑摩のオリジナル文芸書、ノンフィクション、文芸批評、全集類といったもので、それこそ筑摩の最良にして新しい文庫にふさわしいコンテンツを揃えたもので、すでにここにこれからの文庫の展開の原型が示されていました。

――『宮澤賢治全集』といった全集本の文庫化は田中さんの意見も反映されていたと聞いていますが。

**菊池**　田中が書店からの意見を聞き、持論として、厚くて高い少部数の文庫も入れるべきだといっていました。それは書店現場では高い文庫を売るほうが、安い文庫の何冊分にも相当し、手間も少なくて儲かるという視点でした。それを取り入れたわけで、これが学芸文庫のコンセプトにもつながっていくわけです。

――みすず書房の相田さんがいっていた専門書の値段はもっと上げるべきだとの説が「ちくま文庫」で実現されたことにもなるわけですね。

**菊池** そればかりでなく、この文庫の成功で、読書層が確実に若返り、女性読者も増えていき、それは今でも続いていると判断しています。安野光雅のデザインを文庫に採用したことも功を奏しました。

そしてこの文庫創刊の延長線上に各種の「ちくま」を冠したシリーズが立ち上がっていったことになるのです。

## 40 「ちくま文学の森」と宣伝

――その中で最も注目を浴びたのが「ちくま文学の森」でしたね。

**菊池** これも文庫企画の編集者の松田、文庫デザインの安野さんの結びつきから出てきたもので、文庫創刊による読者の若返りと女性読者の取り込みを抜きにしては考えられません。

――私は田中さんからこの企画を聞いた時、『現代日本文学全集』の八〇年代型店売文学全集ではないかとの感想を伝えたことがある。つまり五〇年代の『現代日本文学全集』の成功は書店の主として外商によっていたが、もはや外商は衰退しているので「ちくま文学の森」は店売で客をつかみ、売ることをめざすべきだといったんです。しかも全集のアイテムと異なり、アンソロジーだし、全巻を揃える必要もないわけですから。

**菊池**　こちらもそのようなコンセプトで進め、安野さんによる装丁と細かい本文指定も相まって、見本ができると、若い女性店員を中心にして書店での評判が高まり、第一回配本の『美しい恋の物語』と『変身ものがたり』は初版四万部から始まり、全一六巻で一〇〇万部を超えるベストセラーになりました。

これで文庫に続く安野さんのデザイン、「ちくま文学の森」のやわらかさが相乗し、これまたも異なる「筑摩」ではない「ちくま」のラインが確立されたと思っています。

――　私はそれをたおやめぶりとしての「ちくま」と呼びたくなりますが。

**菊池**　そうかもしれないけど、その後で「ちくま哲学の森」と「ちくま日本文学全集」が続き、これらも成功し、完全に「ちくま」は定着したと思いましたね。

――　それに伴う目立った変化はありましたか。

**菊池**　広告に関する認識がまったく変わったことかな。それまで新聞の全五段広告は一番高い社で一〇〇〇万円、本紙のほうではなく、付録のほうでも元旦広告は六〇〇万円だった。

――現在からは信じられない値段ですね。

**菊池** そうでしょう、それで渋々つき合うような感じで、広告を出していました。どのようなものかというと、ご存知だと思うけど、年間の全集計画とメイン出版物を掲載する、いわば岩波書店形式でしたが、まったく何の反響もなく、販売に直結するような意味もないと考えていました。

――それまでは実売につながらない出版社のアリバイ工作的な宣伝にすぎなかったというわけですか。

**菊池** そういうことです。それで田中と相談し、どうせ意味がないのであれば、二月に出る「ちくま文学の森」を全面広告してみようという話になったのです。でもその試みはやったことがないから、二人で「もう、破れかぶれだ」と居直る気持ちでもありました。でもそれには一応の裏づけがあり、効果があるのではないかとの若干の期待はありました。そうした広告を草思社が打っていた時で、ちょうど『平気でうそをつく人たち』が大ベストセラーになっていました。当時、草思社、晶文社、平凡社、理論社と五社で、営業同士が仲間がよかったこともあり、このメンバーで勉強会を開いていました。それで草思社のベストセラーの作り方を学んでもいました。広告の仕掛けによることが大なのは明らかで、なるほどなと思っていたのです。それで「ちくま文学の森」も草思社形式でやろうと決めたわけなんです。

――今考えると時代の流れを思い知ります。草思社と理論社も倒産し、晶文社も買収されてしまった。その時に倒産を体験していたのは筑摩だけだったのに。

## 41 広告戦略と『老人力』

**菊池** 本当ですね、出版社のサバイバルの難しさが象徴的に表われていますね。でもそれはともかく、思い切って元旦広告で、「ちくま文学の森」をやりました。そして正月明けに書店回りを始めたら、大手書店には予約が続々集まっているというんですよ。「この本は売れますよ」と書店人気も高まる一方でした。それで結局のところ、第一回配本は一〇万部を超え、全部で一〇〇万部に達したというわけで、草思社的広告の打ち方は画期的だったと思い知らされました。

それで田中とも、草思社型の一冊の本に対して全面広告を打つやり方は効果的だとあらためて確認し合ったものです。さらにこれは新しい読者層の開拓にもつながるし、その後のベストセラーの『老人力』や『金持ち父さん　貧乏父さん』の広告戦略へと結びついていくわけです。

――じゃあ、それからはふんだんにこれはという単行本に広告費を使うようになったということですか。

**菊池**　いや、それがなかなか難しかったし、実現に至るには十年ぐらいかかりました。例えば、九一年に網野善彦さんの『日本の歴史をよみなおす』が「ちくまプリマーブックス」の一冊として出ました。これは二〇万部近くいっていたし、九六年に続編が出るので、ぜひ仕掛けたいと思っていました。新たな日本史ブームの兆しはすでにあったから、全面広告で出してみてさらに読者層を広げれば、正続二冊でミリオンセラーまで行くのではないかと考えました。

――『日本の歴史をよみなおす』は一一〇〇円のペーパーバックだったし、活字も大きく、ルビも多用されていたので、幅広い読者を取りこむことができそうな本でしたね。

**菊池**　ところが財務・経理担当の役員が許してくれないのです。彼は会社更生法下で苦労をし、ずっと資金繰りのことを担当していたので、あまり強いことはいえず、田中と何度も悔しい思いをしてきました。

――何となく双方の気持ちがわかるような気がする。

**菊池**　それで九八年になって、赤瀬川原平の『老人力』が出たのですが、それは九月のことで、その直前ぐらいに某大新聞社から、「一年間全五段広告を出してくれれば、値引きします」といってきました。大体において、月中の一五日前後というのは出版広告が少なく、全部が埋まらないで余ってしまうことを知っていたので、思い切った無理とも思えるようなダンピング金額をふっかけてみました。そうしたら、意外なことにその金額でいいと返事が戻ってきたのです。

そういう条件が出たので、役員会で正式承認を取ろうとしたら、強硬な反対に出遭ってしまいました。それでまさに大喧嘩になり、私も田中も後に引けないような立場になったのですが、営業部責任で敢行すると強い意見で通してしまい、財務・経理担当役員は渋々それを認めてくれました。

――九九年六月に菊池さんが社長になり、田中さんが営業部長、翌年に彼が役員に就任するのはそういう前提があったわけですね。

**菊池**　そう考えてもらっていいかなと思います。

そのことがあった翌年の九九年年明けの一月五日に、ＮＨＫの「クローズアップ現代」が「老人力という言葉がはやっている」と取り上げたので、売れ行きにすごく拍車がかかりました。その時安い値段で広告を確保していたから、すかさず大きな広告も打ちました。

「クローズアップ現代」のおかげで『老人力』が爆発的に売れ始めたことがわかり、担当編集者だった松田、それに私と田中で祝杯をあげました。しかし続けて広告をうっていくためにはお金がいります。先行投資を役員会に認めさせなければならないのですよ。なので三人で飲みながら「作戦会議」を開きました。そこで私は三人の「作戦会議」の内容をもとに「これから一〇万部単位で、この本を売っていきたい。単価は一五〇〇円だから、一〇万部で一億五〇〇〇万円の売上となる。そうするために一〇万部売るのに一〇〇〇万円使わせてくれ。ぜひ賛成してほしい」と役員会で提案しました。

――一世一代の見栄を切ったような感じですね。

**菊池**　そういうことです。それで役員会の承認を得ました。そしてこれを四〇万部までもっていくわけです。

しかし今思えば、その四〇万部に至るまではいかに恐る恐るやっていたかですよ。売上データ集計はまだ全国三六店の大型書店からのものでしかなかったからです。

## 42 スリップ分析システム

―― 話は相前後してしまいますが、その話を聞いておかなければ。倒産後にみすず書房の相田さんに弟子入りし、スリップ分析による単品管理手法を見習い、それを筑摩の新刊配本や重版に役立てる方向に進んでいったことまではお聞きしました。それからはどうなっていたのですか。

**菊池** スリップ回収を始めて実感したのは、みすず書房と比べて出版点数が多いから、当然のことながらものすごい量になるわけです。みすず書房の場合、売上スリップ集計は社員の奥さんたちがアルバイトで引き受け、特約店ごとに正の字で記入していけば、見開きの帳面上でもできてしまう。しかし筑摩の場合、新刊も在庫点数も多いので、その方式では駄目なんです。

―― それがみすず書房や工学書協会の版元だけが先行して実行していた理由で、大手出版社などはやはりスリップ量が膨大なのと出版点数の多さから、とても実施できていなかった。

**菊池**　やってみてそれを実感しました。それであきらめかけていた時、ＯＣＲで読むことができるというので、田中と相談し、そういうところに出してみました。

そうするとデータ分析を記した紙の束が大量に送られてきました。とてもじゃないけど見る気もしないし、データ分析も営業マンが使える代物ではない。困ったなと思っていました。

それからかなり時間が飛んでしまうことになるのですが、パソコンで必要なところだけが見れるし、必要なデータだけが取り出せるようになってくるわけです。

その一方で、同じく九〇年代になってから、講談社がスリップ回収分析のＤＣ―ＰＯＳ、それに小学館の「しょうたくん」が続き、私たちはその担当者の方々と蔵前塾と名づけた勉強会を何度かやりました。それで新潮社や文藝春秋とも相談し、一〇社共同でレインボーネットワークというスリップ回収・分析の組織を立ち上げました。

その後で今度は書店におけるＰＯＳレジが普及してきて、リアルタイムに近い販売情報の収集が可能になりました。三菱総研ダイヤモンドコンピュータサービスというのがその

ＰＯＳレジ分析システムを開発し、田中が他の九社の担当者たちと相談し、安いコストでそれを利用できるようにしました。

――それが『どすこい出版流通』の冒頭の九九年八月のところで、田中さんがふれている「書店ＰＯＳのデータを共同回収するＰ―ＮＥＴ機構」なんですね。

**菊池**　そうなんですよ。相田さんの売上スリップによる手作業の単品管理から始まり、量の問題からあきらめかけていたところにパソコンの時代へとつながり、それにつれて様々なソフトが開発され、新刊配本の動きばかりでなく、書店のデータ比較、常備品の活用などに生かすことができるようになったのです。ここまできてようやく出版におけるマーケティングのかたちが定められたと思います。

## 43　出版営業の進化と『金持ち父さん　貧乏父さん』

――つまりそれは出版営業の進化でもある。

**菊池**　まさにそのとおりですが、『老人力』の時はスリップ回収が三六店だったので、まだ歯がゆいところがありました。一度に一〇万部ずつの重版を三回やって、四〇万部にこぎつける過程で、それをいつも役員会にかけることにしていました。

大型書店の売上スリップを分析すると、一週間でどのぐらい売れているかがわかるのです。それをシェアで逆算していくと、全国の売上部数も大体つかめます。だから一〇万部重版しても、半月でなくなると計算できるわけです。しかし一〇万部重版というのはなかなか経験していないことだし、役員によっては自宅近辺の小さな書店でまだ平積みの状態が続いているなどと不安感をいう人もいたくらいでした。

それでデータを示し、説明するんですが、質問攻めに合い、まるで査問されているような状態でした。それこそさっきの言葉ではないけど、進化した営業は信用されていない、それを推進しようとしている営業部長と営業部も同様だと思わされてしまいました。しかしデータを見ていたから、売れ行きが止まることも察知し、いち早く重版も止め、返品はかぶらなかったのです。それが四〇万部の単行本を作るまでのプロセスでした。

――つまり菊池と田中による営業の進化に対して、筑摩書房の経営のアンバランスとミスマッチが露出してきたということかな。

**菊池**　そう考えてもいいね。でもこれはものすごく教訓になり、『金持ち父さん　貧乏父さん』につながり、生かされることになりました。

――菊池さんが社長になったからそれが余計に幸いしたですね。

**菊池**　『老人力』のことが常に念頭にあったので、すぐに判断する、スピードと担当部門への権限の委譲をできるだけ優先することを心がけるようにしました。

# 第Ⅳ部

## 44　社長就任とミリオンセラー

**菊池**　社長に就任したのは九九年六月でした。その経緯と事情は『筑摩書房　それからの四十年』に書かれているので、ここでは繰り返しません。

――でも筑摩書房始まって以来、初めての営業部出身の社長だった。これだけは繰り返しておきたいですね。

**菊池**　それはともかく、就任して一年ちょっと経った時点で、『金持ち父さん　貧乏父さん』が出ました。この本の刊行を積極的に支持したのは営業部で、タイトルもよかったし、売れると思い、筑摩としてはかなり多い初版二万部でスタートした。営業部の販促、新刊平台への平積み、新聞広告と仕掛けたので、発売日に重版三万部と決まりました。『金持ち父さん　貧乏父さん』が売れ始めた時、定価は一六〇〇円だったので、すぐに「一〇〇万部売るのに宣伝費を一〇〇〇万円使っていいぞ。任せるから」と田中にいいました。田中も役員になっていたけど、彼にどうなっているかを細かく問わず、現場に任せ、やりたいようにやれということで、まったく問題なく、ミリオンセラーに迫っていきました。

――筑摩書房にとって、これが初めてのミリオンセラーだったんですか。

**菊池** そうなんですよ。創業者の古田さんもきっと夢見たにちがいない大ベストセラーとなったのです。「ちくま文学の森」も累計で一〇〇万部ですから、単行本というのは本当に初めてでした。前に網野さんの『日本の歴史をよみなおす』の正続編の二冊で、それを仕掛けられないかと考えたことを話しましたが。

しかしそれでも一度大丈夫かなという時もあった。九〇万部を超えたあたりで、ちょっと動きが落ちてきていることがわかりました。後八万でミリオンに達する時でした。重版は営業に任せていたこともあって、その八万部を一気に重版してしまいました。さすがに私も心配になり、「どういうことなんだ。これがそのまま余ったら損になってしまうぞ」と怒ったのです。そうしたら、「大丈夫ですよ、六月に著者が来日し、テレビなどの取材も多く入っていますので、そこでまた絶対に動きます」というわけです。実際にそのとおりになり、八万部重版は正解でした。

ちなみにその頃になると、データも広く集まり、その見方もわかるようになっていたので、私も田中も『金持ち父さん 貧乏父さん』のことは営業の現場に一切任せていました。

――でも『金持ち父さん 貧乏父さん』はタイトルからして、筑摩のイメージと少し異なるから反発もあったと思いますが。

**菊池**　あの本はお金の投資、投資の哲学で、著者のロバート・キヨサキの少年時代からのお金に関するある種の哲学の話であって、怪しげな投資などを勧めている本ではないのです。

――出版には手を出すな、投資したら返ってこないぞと書かれてはいませんでしたか。

**菊池**　いや、それはなかったけど、筑摩としてはタイトルからして、それまで出したことのない本でした。一部の社員やＯＢからも、何でこんな本を出すんだみたいな声が上がっていたこともわかっていましたが、私が見たところ、まともでいい本ではないかと判断し、やらせたんですよ。

そうしたら、結果としてミリオンセラーになりました。後は自然体でやればいいねといっていたら、毎年のように確実に売れ、今では一八〇万部ぐらいまできています。それに続編なども加わっているし、二〇〇〇年に出しているから、一一年目になります。だからベストセラーがロングセラーになった模範ともいえます。

――じゃあ、カーネギーの『人を動かす』や『道は開ける』みたいな感じの売れ方になってしまった。

## 45 『思考の整理学』のベストセラー化

**菊池** そうなんですね。同じミリオンセラーでも、逆のケースが外山滋比古さんの『思考の整理学』という文庫本でした。これはやはり「ちくまセミナー」の一冊として八三年に出て、八六年に文庫化されたものです。最初もそこそこ売れ、文庫になってからも、毎年七〇〇〇部くらいずつ売れ、ロングセラーにはなっていました。

ところが〇七年になって、この「出版人に聞く」シリーズ2のさわや書店の伊藤さんの部下の松本君が手書きのポップ販売を試みたのです。それは「〝もっと若い時に読んでいれば……〟そう思わずにはいられませんでした。」というもので、これが効果を覿面に発揮し、一ヵ月で三〇〇冊ぐらい売れてしまいました。そこから火がついたのです。

そのポップも営業部が紀伊國屋書店とかジュンク堂書店に持っていって見せました。そうしたら、どの店でもやってみるかということになり、驚くほど売れ始めました。今では一六〇万部近くいっているから、これは四半世紀にわたってロングセラーだったものがベストセラーになったという例なんです。

――それらのミリオンセラー化を可能にしたのも、売上スリップによる単品管理から始まり、パソコンによるデータの売上分析へと至った営業の進化ということになるわけですね。

**菊池**　営業の進化なくして、ミリオンセラーの実現はなかったでしょう。社内外でも「筑摩なんて、ミリオンセラーは永遠に出せないだろう」と公然といわれていたわけですから。この二冊のミリオンセラーに共通するのは営業がデータを読めるようになったことに尽きます。データが取れて、データが読めるようになった、これが売り伸ばしの手法に完全に結びついたわけです。だから相田さんから始まった単品管理手法をそこまでもってこれたという思いも強くあります。それは『老人力』の後から、本格的に、またうまく連動するようになりました。

例えば新書でいうと、『靖国問題』は三〇万部、『ウェブ進化論』は三七、八万部までいっています。一〇万部を超えて部数を重ね、売り続けていけるのは全部データを見て、これはこのパターンだ、これだとここで重版するべきだ、もしくはしなければならないと判断できるようになったからです。それはヴェテランの営業担当者でなくても可能になりました。我々の新入社員の頃には考えられなかったことで、新たな出版マーケティングをめざしたのが倒産後ですから、三〇年近く経ってようやく実現されたことになりますね。またelめざしていたから、ここまでこれたんだなとも思います。

だからそれに合わせ、宣伝費も含め、金を投資すべき時には投資しなければならないと確信するに至りました。そうしなければ、リターンは得られないし、惜しんでいるようでは縮少均衡路線しかないのです。それが従来の経営と営業の路線のちがいだったとあらためて思いますね。

――網野の『日本の歴史をよみなおす』も広告費をふんだんに使い、うまく仕掛ければ、ミリオンセラーになったでしょうね。

## 46 田中、『明治文学全集』、『世界文学大系』

**菊池** あれは今でも残念に思われてなりません。長年の営業の経験からいって、本には旬というものが必ずあるのです。その旬の時を外さず、狙って仕掛けることが肝心です。そうすると気にかけていた人たちが手を出してくれます。つられて書店でも目立つように平積みになっていくものです。

筑摩の場合は私と田中が『老人力』を売った時が転換点となり、すでに私が社長に就任する前から、会社の体質改善がようやくできてきたという感じだったし、低空飛行の高度が少し上がり、出版業界の不況の中を何とかやってこれたように思います。

―― これまでは主として「ちくま」の冠を施したシリーズ絡みのことをうかがってきましたが、ここで全集類の販売も大いにプラスになったわけですよ。それも田中さんとのコラボレーションだったようですが。

**菊池** 九八年に完結した『世界文学大系』のことですね。これは『老人力』と同年で、それこそ低空飛行の高度を上げる大きな売上を確保してくれました。

でもそれには『明治文学全集』で成功した前例がありました。『明治文学全集』は本巻の九九巻が八〇年代初めに完結し、その時は書店との巡回販売が主で、一二〇〇セットを売りました。それから八九年だったかに索引が出て、一〇〇巻となり、最終的な完結を見ました。

そこで田中はどこに目をつけたかというと、公共図書館でした。彼の無精なところもあるのだけれど、といって図書館にもはや巡回販売で売る時代ではないし、効率も悪いし、経費もかかります。それで彼は公共図書館全部にパンフレットをＤＭしました。そして着いた頃を見計らって、営業の若い連中総出で図書館に電話営業をさせました。確か予算がある時でそれも狙っていましたが、とにかく『明治文学全集』は他の全集と異なり、類書がないわけで、内容は自信をもって勧められるし、それに筑摩の図書館に対するブランド力も加わっているので、電話営業にもかかわらず、驚くほどスムースに売れていきました。

もちろん直接売るわけではないので、納品している書店の名前を聞き、こちらからその書店に『明治文学全集』一セット注文を取りましたと連絡するわけです。そうしたら書店も思いもかけずに高額商品が棚からボタ餅のように降ってきたわけだから、大喜びでとても感謝されました。

出張費もかけず、DM通信費と電話代だけで、数百セット売り、成功だったから、田中は得意気でした。

――私は田中さんに八〇年代の出版業界の変化について、コンビニと郊外型書店と公共図書館の増加ではないかと伝えていた。とりわけ公共図書館は七〇年代に八〇〇館しかなかったのが二〇〇〇館になろうとしているので、この図書館市場をうまく開拓できないかとも話したことがあった。しかしその後TRCの図書館営業が活発になり、単行本の場合はTRCに相乗りするのが、それこそ経費もかからない営業方法になっていった。

田中さんはＴＲＣでも『明治文学全集』のような内容の濃い高額商品は積極的に取り扱わないと判断し、筑摩ブランドと図書館の相性はぴったり合うはずだと判断し、そういう図書館に対する販促営業を考えたんだと思いますよ。

**菊池**　それを田中は『世界文学大系』にも応用したわけです。こちらも完結に二七年をかけたシリーズで、当時公共図書館は二五〇〇館に達していたし、所蔵していない図書館も多くあるはずでした。同じような手法で、公共図書館に、高校・大学図書館も加え、それらを主たるターゲットとし、限定五〇〇セット、定価五三万円の完結セットセールを準備しました。

――これも経理・財務担当と厳しいせめぎ合いがあったんでしょうね。

**菊池**　そうなんだ、原価だけで一億円近かったから、売れなければ、資金繰りにたちまち影響が出てしまう。ところが同時に毎日出版文化賞受賞などの追い風も重なって勢いがつき、早くも三〇〇セットの予約も入りました。それで急遽一〇〇セットを上乗せすることになったのです。

だが実は役員会にはからずに、さらに一〇〇セットを追加発注していたのです。それを決めたのは私と田中で、さらに二〇〇セットはいくと読んでいたが、さすがにそこまでは踏み切れず、一〇〇セットとなったわけです。売れ残った場合は私がすべての責任をとるつもりでした。

――もちろん売れたわけですね。

**菊池**　そう、九九年二月には完売してしまいました。それからも注文はかなり入ってきたので、おそらく二〇〇セット発注でも大丈夫のはずだったので、これは悔まれました。でも大成功ではありました。またこの経験がその後の『世界古典文学全集』にも生かされていき、ペーパーバック出版へと移行しつつあるかたわらでも、筑摩本来の全集物もきちんと売り続けてきたことの証明にもなるはずです。

## 47　未刊の『大正文学全集』

――全集の話が出たついでにお聞きしたいことがあります。どうしてもこれだけは確かめておきたいと思っていましたので。

**菊池**　何かな、そんなにあらたまっていわれると。

――この十年というもの、私が最も参照しているのは『明治文学全集』です。愛読というよりも愛用しているわけですが、参照を重ねるほどにすばらしい全集で、よくぞ出したと賛嘆の声を上げたくなるほどです。もしこれが出ていなかったら、明治時代の半分もわからなかったのではないかとも思ってしまう。

**菊池**　出していてこんなことをいうのも何ですが、まったく同感で、あれはすごい。筑摩の全集の金字塔ですね。

――その次に『大正文学全集』が出ると聞いていましたが。

**菊池**　残念なことに『大正文学全集』は倒産があってできなくなってしまったのです。立ち入った事情を話すと、『大正文学全集』は企画も固まり、担当編集者、巻数もほぼ決まっていたところに、「倒産」が起きました。

――巻数は何巻でしたか。

**菊池**　五〇巻ですよ。今考えれば、さっきの図書館のこともあるわけだから、さっさとやってしまえばよかったんだけど、「倒産」後に資金がまったくなくなり、ちょっとでもリスキーな企画は進めることができなくなってしまったのです。

――それはどう考えても悔しいな。

私はこのところずっと大正時代の出版、文学、文化史を調べているのですが、短かった大正時代が昭和のすべてを準備し、それが現在にまで及んでいると考えられる。世界的に見るとロシア革命と第一次世界大戦、日本では大正デモクラシーと米騒動、それから関東大震災ですが、欧米から様々な文学や思想がリアルタイムで流入してくるようになる。洋書のことだけいっても、パリで出た本が一ヵ月もしないうちに丸善だけでなく、神田の三省堂でも売られている。

**菊池**　それが大正ロマンの時代の背景となるわけですね。

――　出版業界に引きつけていうと、明治末に買切だった雑誌が委託になり、それに対応して、書店が三〇〇〇店から一万店に増えていく。それから小出版社が無数に誕生し、作家を始めとする多くの文学者たちが出版に参入する。ありとあらゆる分野の先端的で興味深い本が出る。しかし関東大震災によって、壊滅的被害をこうむり、大半が失敗に終わってしまった。その中で生き残った出版社が菊池寛の文藝春秋だったりもするし、震災後の円本、文庫、新書の誕生も大正時代にすべての範が求められる。

ところが大震災でそれらの本が消滅してしまったこともあって、ぼんやりとしたアウトラインしかつかめないでいる。それでもゆまに書房から『編年体大正文学全集』が出されたが、あれは一年一冊なので、かなり物足りない。だから本当に『大正文学全集』は期待していたのですが。

**菊池**　それは担当編集者も同じ気持ちだと思います。実はこの間、その人から手紙がきました。私より一〇歳ほど上の先輩なんですが、去年脳梗塞を起こし、身体が不自由になってしまったようなんですよ。それで奥さんに手紙を代筆させ「何とか出してほしい」と伝えてきました。それで私も事情を縷々説明し、「あきらめてくれ」とも言い難いので、「今のマーケット状況では塩漬けにするしかない」と返事を書きました。『明治文学全集』は完結までに二五年かかっています。企画段階から考えれば、優に三〇年は超えているし、『大正文学全集』がその半分の五〇巻だとしても、やはり最低でも二〇年はかかるでしょう。それを考えると、どうしても無理なんです。

――他でやるということは。

**菊池**　やるところはないでしょうね。『明治文学全集』を出した筑摩ですらできないとすれば、他で出せるとはまったく思えません。

――そうか、それは残念きわまりない。本当にお金でもあれば、自分で手がけたいところですが。

でもこの際だから、菊池さん、ひとつお願いがあります。後でその『大正文学全集』五〇巻のラインナップだけでも教えてもらえませんか。そのようなひとつの範を見ておきたいと思いますし、そういっても、来たる将来に誰かが継承するというわずかな出版の希望も捨てきれませんから。

**菊池** それはかまわないと思いますよ。

## 48 弁済計画、旧社屋売却、倉庫改装

――また少し話題が飛んでしまいましたが、倒産後の新しい企画の流れと営業の進化については大体お聞きしましたが、経営側からみた会社更生法の行方、神田の社屋売却と蔵前への移転、自社ビル購入なども語って頂けませんか。

**菊池** 少し時間を戻すことになるけれど、八〇年に更生会社としてスタートした時、繰越欠損が残っていて、税金が発生していませんでした。そして八三年までに九億五〇〇〇万円を弁済することができました。これは前にもいいましたが最初の五年間で、一四億円の弁済予定だったから、目標をクリアーしていたわけです。

ところがその後、税金が生じるようになり、毎年四億円の経常利益が出ないと、二億円

の弁済資金が捻出できない状態を迎えていました。しかし内部留保が残っていた三年間は何とか調達できたのですが、実際のところ八一年から八七年にかけての営業利益は一度も四億円に至ることがありませんでした。多い年で二億円、少ない年だとわずか一〇〇万円しかなかったのが実態です。

――「ちくま文庫」も創刊したばかりで、まだ本格的な利益を生まず、「ちくま文学の森」も出ていなかったので、倒産後の低空飛行がまだ続いていたわけですね。

**菊池**　この頃も苦しかったし、利益を出して返すということができず、本郷と西片に各二五坪ほどの土地をたまたま持っていたので、それを二年続きで売って、弁済資金を捻出していました。

このままいくと、またしても更生法かなどという不安に捉われたこともありました。しかし本郷や西片の土地の切り売りもそうだったけど、まだバブルが弾けていなかったことが幸いしました。当時神田界隈の土地もバブルで急騰していました。そこで私は本社の土地の売却を役員会で提案したのです。これは財務・経理担当の役員との共同提案でした。この案は金を使うことではなく、つくることでもあったから、彼も賛成してくれたのだと思います。あの古いビルは覚えているでしょう。

――『筑摩書房　それからの四十年』の帯にもあの旧社屋の写真が掲載されているけど、本当に懐しい。最後に訪ねたのは八〇年代の半ばじゃなかったかな。

**菊池**　著者を含めて、懐しいという人は今でも多いですね。でもその建物の懐しさに固執し、その立地を大事にしていたら、今の筑摩書房はなかったと断言していいと思いますよ。弁済資金のための毎年税引後の二億円の利益を上げることは困難に近かったからです。当時の売上状況からして、残りの借金は返せないことが明白でした。だからそれをわかっていた営業と財務・経理の若手役員はこれだけ土地が値上がりしていることもあり、売って借金をともかく返してしまおう、それで再建するということで一致したのです。

――そこにタイミングよく買い手が現われた。

**菊池**　そうなんだ、しかもバブルが弾ける直前だったんですよ。その買い手は今の三井海上火災、当時は大正海上火災でした。一〇〇坪の土地が約三八億円で売れたのです。坪当たり四〇〇〇万円近くになります。今だったら、七分の一か八分の一でしか売れないと思いますよ。しかも売却した途端にバブルが弾け、土地価格の暴落が始まったんですから。

――ずっと前に筑摩は「幸せな倒産」をしたといわれたけど、それは土地の売却に至るまで続いていたことになるのかな。

**菊池**　そういっていいでしょうね。売却に際してはもっと反対意見も出ると思っていたのですが、それほどでもなかったのです。それよりも今考えれば、よくあそこがその値段で売れたと思いますよ。

得たお金で弁済金の残りの約九億円を返し、九一年に更生計画は終結しました。八〇年から一五年の弁済予定だったので、四年早く終わったわけです。そして土地売却代金は弁済金や税金の他に大宮倉庫の改装に使いました。これは財務・経理の意見もありましたが、私や田中は倉庫を改装することが何よりも大事だと考えていたからです。

――その大宮倉庫の改装があって、田中さんが『どすこい出版流通』で自慢している「倉庫は千坪の自前倉庫で、目を見張るほどの機械設備はないものの建物は清潔でシステムは先端を行き、小気味よく機能している」とか、「機能している倉庫はキリリとして美しいものだ」という言につながっていくわけですね。

**菊池**　そういうことです。筑摩の営業の進化とは他ならぬ倉庫の進化を伴っていたことも意味しています。本当に倒産前の大宮倉庫は田中がいっているように「ガラクタ同然のシロモノ」のボロボロの倉庫で、汚なくひどいものでした。誰も在庫や物流に目を向ける者などいなかったからで、本社の土地売却金をその改装にあてたことは、「倒産」前だったら想像すらもできなかったでしょう。

## 49　蔵前への移転と自社ビル購入

――本社の売却後、JR総武線の浅草橋から地下鉄に乗り換えて一つ目、「蔵前」駅のマスダヤビルというところに移転する。

**菊池**　マスダヤというのは玩具会社で、そのビルの一階にはデニーズが入り、我々は六階と七階を借りていました。そこにいた時に筑摩書房五〇周年を祝ったことが記憶に残っています。前にあなたが『筑摩書房図書総目録1940〜1990』を取り上げてくれましたが、それはその時に刊行されたものです。

――そうか、それは知らなかった。引越ししてしばらく経ち、田中さんから浅草探検もかなりすませたし、おいしい店も見つけたから案内するといわれていたが、当時はいかずに終わってしまった。

その数年後かな、二人でまつやで待ち合わせたことがあった。まつやは例によって混んでいた。だから一時間ぐらいで出て、河岸を変えようとしたところ、どうしたわけか、神田界隈の飲み屋はどこも満員だった。それで田中さんが自分の行きつけの浅草の飲み屋にいこうというので、タクシーでその店にいった。酔っ払っていたので、こちらもよく覚えていない。でも彼がそこの店の人と親しげに話していたことだけは記憶にある。

**菊池**　それはどこの店かな、おそらくいったことはあるはずですが。

――当時はすでに今のビルに移っていて、本社ビルとして購入したあたりだったろうか。だがそれが田中さんと飲んだ最後で、その後は数回会ったかどうかじゃないかな。

**菊池**　実は本社ビルを買うことにしたのは田中がいったからなんです。『金持ち父さん貧乏父さん』がミリオンセラーになって、少し儲かりました。それで田中が自社ビルを買いましょうよといい出したんです。色々と探したけれど、いいものが見つからない。その時入っていたビルは先のマスダヤビルと数十メートル離れたところの物件で、一〇階建てでした。そこを一階から七階まで筑摩が借りていました。

――そのオーナーはどちらだったんですか。

**菊池**　小さな紙問屋さんで、バブル崩壊後の九三年に建てられたビルでした。筑摩が入居したときは家賃が坪一万円になっていましたが、どうも二万円はとらないと、採算がとれないようなビルでした。まあ、筑摩の場合、安いから移っていたんですが。

筑摩がビルを購入し、テナントを離れるつもりでいることをそのオーナーが聞きつけ、買ってくれないかといってきました。筑摩がテナントとして抜けたら、一階から七階までを埋める代わりの会社が見つからないだろうし、ビル経営が成り立たないということでした。おそらくバブルの最中にゼネコンか銀行にだまされるような形で、ビルを建てたんでしょう。ところが完成と同時にバブルは崩壊し、筑摩のような安い家賃で借りるテナント先しか見つからなかったのが実際のところでしょう。それでも入っているうちは何とか回っていたが、出てしまえばアウトになってしまうということだったんでしょうね。

それで筑摩が一〇年ローンで買うことになりました。もう八年払ったから、後二年で終わりになります。もし田中がビルを買おうといわなければ、私の性格からして、本を売るための必要経費ではないわけだから、買わなかった可能性が高いと思います。これも本社の売却と同様に、タイミングがよかったといって過言ではありません。

―― それでは田中ビル的要素もある。

**菊池**　本当にそうですね、本社の土地は売却したけれど、その金で借金を返し、大宮倉庫を改築しました。そして本社ビルも取得に至ったわけです。倉庫改築も本社ビル取得も両方とも田中抜きにしては考えられません。

## 50　田中の発病

――田中さんの発病はいつだったんですか。

**菊池**　彼が自分で『どすこい出版流通』の中でも書いているように、「発作性群発頭痛」に定期的に悩まされていることは知っていました。

だからそちらには気をつけていたようですが、〇三年に前立腺癌だとわかりました。会社の定期検診で見つかり、すぐに治療に入りました。ただ前立腺癌の場合、ホルモン療法で進行を遅らせることができ、実際に回りでも発病しても、十年単位でサバイバルしている人もいたし、彼もそんなに悲観していなかったのです。だから〇四年に取締役営業局長に就任することにもなりました。しかし病いは進行し、〇七年には病気療養に専念するために、取締役を退任しました。そして顧問ということになっていたのですが、その年の一一月に五七歳で亡くなってしまいました。

それこそ私と田中と二人三脚で「倒産」以後の営業の進化をめざし、また実践してきたわけです。今世紀に入ってからは彼も役員になったので、営業のみならず、経営も一緒にやってきたことになります。彼は私が落ち込んだり、もう辞めようかと考えていた時など、すかさず「菊池さん、いずれ俺が社長をやってやるから、安心しろよ」とよく言ったものでした。どこまで本気なのかわからなかったけど、それはいざとなれば、田中に押しつけてもかまわないという免罪符を得たようなものだったから、気が楽になるように思われました。本当に今でも彼を失ったことは悔しくて仕方がないですよ。

――思いがけず田中さんに言及することが多くなって、もはや時間がなくなってしまい、予定していた多くのことにふれられませんでした。そのために筑摩と雑誌のこと、営業、経営と編集の関係、製作にまつわるコスト削減手法、鈴木書店倒産問題、取次の総量規制など、色々と聞きそびれてしまいました。でもこのふたつだけは意見をうかがっておかなければならないと思いますのでそれを最後にお聞きしたい。

ひとつは東日本大震災後の出版業界の行方です。

## 51　東日本大震災後の出版業界の行方

**菊池**　五月末現在のところでいえば、紙とインクの問題がまず先に立ちます。出版界では大震災出版対策委員会を立ち上げ、印刷会社などの説明を要請しました。紙は東北地方で六〇%の生産を占めていたので、これをどれだけ回復できるかがポイントですが、紙以上に深刻なのはインクでした。丸善石油がインクの原料を生産していたのですが、その工場が被災し、需要に対し、供給が六〇%ぐらいにしかならないというのです。

――いずれもそんなに東北地方に集中していたわけですか。

**菊池** そうなんです。これは我々も説明を受け、初めて知ったことでした。だからすぐに増産できるのかどうかいまだによくわからない部分があります。紙の問題は雑誌に直結します。インクも足りない分は外国から引っ張ってくることも検討されているようですが、中国から輸入してもプラス一〇%ぐらいにしかならないそうです。印刷会社は他の外国にも掛け合い、オーダーしているようだけど、いずれの国も必要量しか作っておらず、ストックはないらしいのです。

これに夏場のエアコン需要が高まる時に、大企業を中心とする節電の問題が加わる。印刷会社もすでに経団連から二五%の節電を要請されているそうです。

――確実にその影響が出版業界に及んでくる。

**菊池** そう覚悟しておくべきでしょう。印刷会社のそのような状況からして、本や雑誌の生産はこの一年間かならず減少すると思われます。そして節電ばかりでなく、計画停電のこともカウントしておかなければならないし、紙とインクの問題もそのことが根底にあり、解決の道筋はまだ見えていません。

——それから書店の問題もある。

**菊池**　こちらも厳しくなることは目に見えています。計画停電や節電によって、首都圏のみならず、地方の大型書店も営業時間の短縮、入居しているテナントビルの方針の影響を受け、売上は減少するだろうと思われます。電力の回復の問題はそれほど簡単に解決しないから、これが数年続くと考えれば、本や雑誌の売上の落ちこみは一年どころか、二、三年を想定し、様々な対策を考えていかなければならないはずです。

——計画停電や節電も長引けば、当然のことながら帰宅時間が早くなり、それが常態化すれば、明らかに消費は冷えこむ。生産は減少し、消費もまた冷えこむというデフレスパイラルに陥る可能性も強い。高度消費社会というものがいかに平和と安全によって支えられていたかを実感するし、亡くなったダイエーの中内功が反戦主義者で、阪神大震災の時に先頭を切って動いたことがよくわかるような気がする。

**菊池**　でも一端デフレスパイラルになれば、そう簡単に回復しません。

私も役員会でいっているのはとにかく非常事態だとの一言に尽きます。とにかく平時の発想では切り抜けられないと覚悟する必要があります。

まだ数字は見えてこないけれど、夏以後にはっきり表われてくるでしょう。色んな手立てを今から考えるしかありません。例えば、非常事態だからボーナスは半分になる、賃上げはできない、さらに本を作ろうとしても、紙やインクが確保できなければ、それこそ自宅待機のようなことも生じるかもしれません。私はそこまで覚悟しています。

だからそれらを回避するためには、またそのような危機を乗り越えるためには、ある意味では民事再生法で会社を再建させる以上の努力と想像力が必要だと思っています。

## 52　時限再販への提言

――私も菊池さんのいうことが大げさだとはまったく思えない。とにかく出版業界は失われた十数年をそのままこまねいて過ごし、その間に失われた出版物売上は三分の一であり、何と八千億円に及んでいる。その最悪の危機のところにリーマンショックが起き、今度は東日本大震災に襲われてしまった。だから出版業界は様々なメタファーをこめ、重ねていうのですけれど、敗戦と関東大震災をともに体験しているような未曽有の時の中にある。それを菊池さんはまさに非常事態だといっている。

そこでふたつ目に菊池さんにうかがいたいのはこれまであなたがずっと提唱し、取り組んできた時限再販問題のことです。

書籍出版社の安定性は既刊分売上のシェアにあることは常識でしたが、失われた十数年の間にそのようなストック経済は崩壊し、筑摩書房ですらも新刊依存が六、七割を占めるというフロー経済になっているといいます。そしてこの危機を迎えて、既刊在庫を売ることによってストック経済に戻し、そのためには時限再販の幅広い活用や応用を模索する試みに向かうべきではないでしょうか。

**菊池** それは本当に真剣に考えなければならないですね。現在は非常事態だといいましたけど、東日本大震災前と震災後はまったく状況が異なっているわけだから、大震災前ではなく、大震災後の思考を出版業界は必然的に選択しなければならないでしょうね。

既刊本ということでいえば、これまで話してきたように筑摩が「倒産」しても再建できたのは、書店が筑摩支援フェアをやってくれたことに象徴されているように既刊在庫を売ってくれたからです。もちろん新企画の寄与もあるけれども、各種の既刊全集類の存在なくして、再建はできなかったと思います。
それとこれも前に話しましたが、『思考の整理学』のようなロングセラーをベストセラーに持っていく書店とのコラボレーション、これまでパソコンを活用した営業の進化に多くふれてきましたが、大震災後に必要とされているのは、そのようなソフトな営業の進化ではないだろうかと思われます。それこそ『思考の整理学』のベストセラー化は模範とすべき事例だったわけですから。

――まさに失われた十数年で最も消えてしまったのはそのような出版社、取次、書店間における人間と本を介在にしたソフトなつながりかもしれませんね。

**菊池** それから私も書協などの役員も務めていますので、これはまったくの個人的発言と見なして下さい。
ちょうど大震災前に日書連の大橋会長が書籍の最終処分権を書店側に与えてほしいと発言しました。これは画期的なことだと思います。筑摩の場合、早くから時限再販の試みを試行し、実際に全集類も含め、それらの本を書店市場に出しています。だからほぼ公式に日書連からこのような要請が出たわけですから、これまで時限再販本を出していなかった出版社もそれを真剣に考えるべきだと思います。

――それこそ全出版社の既存在庫は四、五〇兆円に及ぶのではないかと試算されているから、単純に考えても半世紀分の書籍売上高に匹敵するといわれていますからね。

**菊池**　それもそうですが、この中に『思考の整理学』のような本が無数に眠っているはずで、それをソフトな営業の進化によって、発掘していくことだってできるように思います。そうすれば、いつも新刊ばかりに追われ、今回のような紙とインクの不足にも悩まされないですむのではないでしょうか。

――でも考えてみれば、二〇年以上前の書籍出版社の売上シェアは既刊本が半分以上を占めていたわけだから、それが当たり前だった。しかしこうしてお話ししてきてこの二〇年間に何が起きたのかよくわかります。

書店市場の八〇年代の郊外店、九〇年代の複合店の急速な増加に伴う、パートとアルバイトによる販売、本や雑誌を売るのは二の次となってしまったレンタルの導入によって、それなりの商品知識と販売技術を必要とする既刊本のシェアが激減した。その結果、取次の自動配本に依拠する新刊だけのシェアが異常に高くなり、書店市場の照り返しを受け、出版社は異常なまでの新刊の大量生産を押し進めてきた。ところがそれもピークに達し、すでに新刊点数も減り始めていた。

**菊池**　筑摩もそれに合わせてきたわけだから、大きなことはいえませんが、ただ「倒産」時の七〇年代末から八〇年代初頭の書店市場が現在のようであれば、筑摩の再建は不可能だったでしょうね。

――確かにそれは断言してもいい。

ところで菊池さんの持論からすると、時限再販への移行はそれほど難しくないし、今の流通、販売システムで十分にできるとされていますが、それを具体的に説明してくれませんか。

**菊池**　それは十分にできるし、実践が少ないだけだと思っています。

まず取次の受け入れができるようになったのが大きな前進です。時限再販はこれまでの正味とちがうわけだから、現在の取次の受け入れシステムを進め、時限再販口座を設ける方向に進むべきでしょう。それに合わせ、出版社も書店も時限再販口座を開くようにします。

今でも出版社の取次への納品書、書店の取次からの請求書には新刊の他に常備や長期や延勘口座があるから、それに加えて時限再販口座を加えればいいわけです。

そうすれば、正味が異なっていても問題はありません。時限再販口座を通じて、それに見合う商品を出版社は従来より安い正味で納品し、取次は仕入れ、書店は販売します。その時に最もわかりやすいのは買切で、書店で売れ残れば、半年とか一年経った段階で、自由な値段でバーゲンして売ることです。これがシンプルで、再販制にも抵触しないし、出版社、取次、書店もスムーズに取り組めるのではないかと思います。

日書連の大橋さんが求めている書店に最終処分権をというのも、具体的にいえば、このような仕組みなんじゃないかと思います。

もちろん出版社の出し正味、取次や書店のマージン率、返品と歩安入帳の問題など、論議しなければならないことは多くありますが、これが最もシンプルでわかりやすい道筋ではないだろうかと考えます。

―― 私もそれに全面的に賛成です。とにかく、大震災後におけるひとつの改革として、時限再販市場のこれからの行方を見守ることにしたいと思います。この問題について、色々といい出せばきりがありませんので、菊池さんの最もわかりやすいシンプルな提言を、そのまま残すかたちで、このインタビューを終えることにします。

**菊池** 本当にこれも話していくと、一冊の分量になってしまうので、ここで止め、今後の課題にするつもりです。

## 53　田中達治の残した言葉

――それでは菊池さん、長時間有難うございました。

これもまったくの予想外でしたが、図らずもこの本が、菊池さんと私の故田中達治に対するレクイエムのような色彩と趣きも帯びてしまいました。

そのような意味において、また田中さんをしのび、彼が『どすこい出版流通』の〇七年二月付で記した最後の文章、それと〇七年一月に病気見舞いにきてくれた人たちに残した言葉を引用して終わらせて頂きます。この田中さんの言葉こそ、この未曽有の危機にある出版業界に向けられた真摯なメッセージのようにも思われるからです。

出版業界は現在長期の低迷期にある。放送やインターネットなどの膨張するニューメディアにタジタジの状態である。加えて、ネット書店の台頭はその自己完結型システムにより、古き良き村社会の存続を脅かしているようにさえ見える。しかし、よく考えてほしい。これだけの共同体がこれほどの長きにわたって存続してこられたのは偶然ではない。それは「本」という媒体が、この村の書店という劇場に、「いまさら語るのも憚られる」ほどに馴染んでいるものなのだということと、さまざまな媒体やネットワークがいかに発展しようと、「本」という腰の据わった媒体は、その本質において他に譲ることはありえないということとに「大人」としての自信を持ち続けてよいはずだ。

病は誰にも等しく訪れるものです。私は思いもよらず早くその日を迎えてしまいましたが、悲観はしておりません。「明日」をイメージすることができる限り、病に向き合い、治療に取り組む覚悟です。またいずれそれが及ばなくなる日が訪れても、静かに流れるようにすべてを受容したい、そのような自分でありたいと念じております。

出版業界はますます厳しい未来に直面しています。しかしながら、メディアとしての出版は他のメディアと比較し、深く、重く、誠実に伝える力を持っています。

その力を最大に発揮するための業界システムをみなさんで築き上げてください。

私はもとより、無数の読者がみなさんを応援しています。頑張ってください。

# 付論

# 1　鈴木書店倒産と今後の課題

## はじめに

二〇〇一年一二月七日、経営危機が九月から表面化していた人文・社会科学書専門取次の鈴木書店が、自己破産申請を東京地裁民事第二十部に行なった。このことにより鈴木書店の五三年の歴史に幕が閉じられたのであり、同書店創業以来の取引先である小社は、日販・トーハンに次いでシェア第三位という重要なポジションを占めていた専門取次を、一挙に失ってしまったのである。大変残念な事態だったが、この「鈴木書店倒産」の穴を埋められるのかどうかということは、小社にとってもあるいは小社と同様に鈴木書店がそれなりのウエイトを占めていた版元にとっても大きな問題なのである。

すでに日刊紙、業界紙をはじめ様々なメディアで「鈴木書店倒産」の総括が行なわれているが、鈴木書店の破綻が「良書流通の曲がり角」や「出版文化を支える屋台骨が崩れようとしている」ことなのか、あるいは「店頭の専門書が減る」ことにつながることなのか、もう少し掘り下げて考えてみる必要があるのではないか。これらの見解はいずれも新聞紙上に散見された見出しや発言の一部であるが、専門取次の倒産という衝撃的な事件に目を奪われて、いささか的外れになってはいはしまいかと思われるのである。若干時間も経過したので、この際もう少し異なった角度から鈴木書店の倒産原因を探ってみたいと思う。

## 倒産に至るまで

負債総額は約四〇億円と言われているが、労働債権を除いた債務超過は一四億円弱と推測できる。この操越欠損は一九八七年から発生しはじめ、毎年平均一億円程度の欠損が一〇数年に渡って積み上がっていったと、鈴木書店の坂口会長から報告を受けたことがあった。しかしこうした長年に渡る経営上の問題について、我々取引先出版社は残念ながらほとんど把握できていなかったのである。なぜなら鈴木書店には外部株主は全く存在せず、取引先出版社は支払いが正常に行なわれている限り、鈴木書店の経営に物言いをつける理由も知る権利もなかったのである。取次会社としては比較的いい賃金とボーナスが支給されていたようだが、結果からみると支払い能力を超えた回答を出していたのではあるまいか。

　資金繰りに関しては、銀行から融資が断られると岩波書店に駆け込み、緊急融資を受けてしのいでいた（岩波書店の債務保証が三億円を超えていたことが今回判明）のが実情だった。そして三年程前に岩波書店の援助だけではやりくりができなくなったとき、ついに岩波書店やみすず書房から役員等が入り、間もなく主要取引先出版社に支払い繰り延べを要請するに至ったのである。この時点でかなり経営は悪化しており、出版社から入った人達が主要取引先出版社に実態を報告し打開策を相談し始めたのだが、最終的には二〇〇〇年秋に神田本社の土地売却、および社員の大幅リストラによる再建策が採用されたのである。このリストラ後の二〇〇一年二月決算は若干の黒字を計上し、業界紙の報道においても再建は軌道に乗りつつあるという論調が多く、我々取引先は一安心すらしていた。ところが二〇〇一年九月一〇日の主要取引先出版社約四〇社に対する説明会で明らかになったことは、七億円強の土地売却代金のうち退職金と移転費用に三億円弱があてられ、あとは大部分金融機関の返済にあてられたという事実であった。本社売却から僅か一年程度で破産に至ったということは、あきらかにこの処理策が失敗だったことを示していると言えよう。

虎の子の会社資産を手放して再建を目指すという重大な決定に際しても、取引出版社は一切相談に預からなかったのである。当時すでに鈴木書店の経営陣は当事者能力を半ば喪失していたと思えるので、この重大な決定は岩波書店の経営陣が主導する形で行なわれたと言ってもいいだろう。こういう局面を迎えていたのであるならば、他の主要取引先出版社を始め、弁護士、公認会計士などを入れた再建プロジェクト・チームをまさにこの段階で作り、根本的な解決を目指すべきだったのではないか。当時すでに会社再建には極めて有利な「民事再生法」が発効していたことを忘れてはなるまい。超過債務（当時約一七億円）のことを考慮に入れると、取引先出版社が売掛金のカットを求められることになったはずだが、中堅取次会社との業務提携や関連業界からの出資など、むしろ「民事再生法」という法の網をかぶせた中で時間をかけて可能性を探れたはずだ。それなりの会社資産と人的資源（専門取次のノウハウを持っている）をベースにすれば、今回のようにナイナイ尽くしで取引先に信用不安が急加速するのとは、異なった展開が期待できたと思われる。少なくとも取引先出版社が売掛け金を一定程度放棄し、さらに出資に応じるという痛みを引き受けても、専門取次を存続させる必要があるのかどうかについて、今回よりもきちんと議論をする時間が取れたのではないだろうか。

## 倒産原因は何か

鈴木書店の倒産の原因は高正味版元から仕入れた本を、一本正味の大書店や大学生協に卸すため、他取次と比較して粗利益率が悪いという構造的な問題があったためという見方が新聞紙上等で広まっているが、本当にそうだったのだろうか。もともと多くの高正味出版社を取引先として鈴木書店の事業は始まり、ある時点まで順調に専門取次としてのビジネスが推移してきたのである。しかしそのような時点での粗利率も、他の取次会社と比較すれば低かったに違いない。なぜ事業が成立していたのか。それは扱っている専門書・学術書の単価が高く粗利額が大きく、かつ優良書店相手のため返品率が低いこともあって経営は成立していたのである。なお現在粗利率が決していいとは言えない専門取次が、少なからず健全に事業を継続しているという事実にも注目しておく必要がある。鈴木書店の破綻はこの一〇年位の間に起こった変化に対して、対応がうまくできなかったために起こったのである。出版不況とリンクするように、鈴木書店の売り上げも下がってきたのだが、なぜそうなったかを再考するべきだと考える。

まずオンラインで受発注や在庫照会をできるシステムの構築が遅れたことが、取引先の減少を招いてしまったことは否めない。数年前から何軒かの有力書店が取引を停止したが、その理由は必ずしもシステムの問題だけではなかった。しかしシステムの遅れもその都度指摘されたことを想起すべきである。我々取引先出版社のうち、当初から出版VANの構築に関わっていた版元が具体的な提案・助言を繰り返したが、残念ながら聞いてもらえなかったのである。自力でシステム構築がうまくできない鈴木書店の状態を見て、我々がある中堅取次に頼んだところ、システム面での業務提携をしてもいいという提案を受けたことがあったが、この申し出は当時の経営者によって拒否された。

さらに決定的なことは、本社売却をした際のリストラで、専門書を扱うノウハウを身につけているベテラン社員の多くを失ったことである。言葉を変えれば専門取次とは、そうした優れた人材によって成立していたに過ぎないのである。この時点で専門取次としての他の取次に対する優位性は、ほとんど無くなったと言っても過言ではない。かつて加えて郊外へ物流拠点が移ったため、書店に対するサービス性も大きく低下してしまった。

逆に言えばバブルがはじけてからの一〇年の間に、これらの問題に対する対応をきちんとやるお金も時間もあったはずだし、また赤字を克服する道もあったはずである。もしも粗利が不足し始めたならば、その時点で鈴木書店を必要とする出版社にきちんと構造的な問題を踏まえて提起をすれば、それなりの理解も協力も得られたのではないだろうか。

そして再建をするための最後のタイミングが、本社売却をする前の時点だったのだ。昨年秋のタイミングではやはり遅過ぎたのである。これまで述べたことから分かるように、鈴木書店の倒産は書籍流通の構造的な問題によって引き起こされたのではなく、時代の変化に合わせた経営ができなくなったことが主因である。もちろん書籍流通について、構造的な問題をこの際徹底的に洗い出す必要があるという指摘に異論はない。たとえば数年前に正味問題が業界で議論されたとき、取次関係者の調査では正味七三%以上の出版社が三百社を超えているという報告に驚いたものだが、鈴木書店はこうした取引先が多かったため売り上げが下降し始めてからは、このような高正味版元の取引条件が経営の圧迫要因となったことは疑いの余地がない。

現行のマージン体系では取次会社における書籍流通は赤字と言われているが、雑誌を加えれば利益を出している取次会社が多いのが実態だ。書籍の流通が雑誌に依存する形なのも、戦後の取次会社の歴史を振り返ると、ある意味で仕方なかったことでもある。そして特に書籍の注文品の流通が中々うまくできない原因が、まさしくここにあるという指摘も正しい。そこで書籍流通を専門とする取次会社を新たに創るのか、既存の取次会社と協力しながらもう少し改善をはかるのか、鈴木書店の倒産を機にこういう選択肢について議論をしてみてもいいだろう。

## 今後の課題

鈴木書店倒産によって、専門書や学術書の流通は影響を受けるのだろうか。あるいは書店店頭の専門書や学術書が現在よりも減ってしまうのだろうか。こういう懸念は分からないことも無いが、決してそのようなことにはならないだろうし、してはいけないのである。

鈴木書店が専門取次として最大限機能を発揮していたときは、取引先出版社の在庫を潤沢に置き、専門書・学術書の知識を豊富に持った営業マンが書店の販売促進をしていたのである。そして書店の担当者達が仕入れや補充についてかなり鈴木書店を頼っていたのが実情だし、出版社は販売促進を代行してもらうのに等しい状態だった。売行きが右肩上がりの時代にはこうしたことが成立していたのだが、不況の到来とともにだんだん困難になってきたと思われる。なぜならこのような懇切なリテールサポート等は、人手とコストがかかり過ぎるからである。しかし鈴木書店は創業時から出版不況が始まってしばらく経つまで、こうしたスタイルを売りにして商売をしてきたのである。他の大手・中堅取次ではとても真似のできないことであるし、今後もこういうやり方を採用するところはないだろう。

そもそも出版社は取次会社に何を求めるのか。正確な情報を書店・出版社に提供し、出版物を正確に迅速に書店へ届け、代金をきちんと回収してくれることが取次業務の基本なのである。原点に立ち返って考えてみると、販売促進の主要な部分はあくまでも出版社がやるべきだし、出版社でなければできないことでもある。

現在ＰＯＳデータを送信してくれる書店は飛躍的に増大した。われわれ版元はそのデータをもとに、様々なことができるようになった。自社なりの新刊配本パターンも作れるし、常備店の選定、常備品目の決定にもつなげられるし、何よりも売れ筋・死に筋の把握が正確にできるようになった。そしてそのことは、適時・適量重版を可能にした。さらにインターネットやＦＡＸなどをうまく利用すれば、少人数でも書店の販売促進が以前と比べてうまくできるようになった。

こういう環境の変化があったこともプラスに作用して、鈴木書店と取引をしていない多くの書店においても、専門書・学術書が豊富に展示・販売され読者にも評価をされている。読者に出版物を手にとってもらう場所は、書店なのだということを思い起こすべきなのだ。いかに書店と出版社が結びつくのか、そして取次会社には何をやってもらうのか。様々な制約の中で議論を積み上げていくしかあるまい。

たとえば専門書出版社の団体が業界には多数存在する。そうした団体は書店の専門書担当者の人達に、情報を発信することはもちろん、棚の作り方あるいは専門分野の様々な知識を、研修会などを通じて提供していく必要が今後ますます高まるだろう。人文会などは全国の多くの書店・大学生協と取次会社の専門書を担当する部署から、こうした活動についてこれまで高い評価を得ている。

もしも鈴木書店にかわる専門取次を作るのならば、多くの資金、人的資源を必要とするし、またランニングコストもこれまでよりもかかることを覚悟しなければならない。

これほど不況が深刻になっている現在、そのような冒険に乗り出すことができる出版社がどれだけあるのだろうか。むしろ現存する各取次会社とともに、なるべくコストをかけないで少しずつ物流改善を図っていく道を選ぶ方が得策なのではないだろうか。

鈴木書店の破綻は基本的には、時代の変化に対応しきれなかった会社の悲劇なのである。そしてこのことから私たちは何を汲み取るのか、そして今後どのように出版流通を改善するのか真剣に考え実行する時が到来したといえよう。読者を何とか本の世界に呼び戻すために、新しい時代に合わせた様々な方法で、魅力ある本の世界を読者に提示していくことを探り続けたい。

(『出版ニュース』二〇〇二年二月上旬号)

## 2　再販制度弾力運用の現状と今後

『出版ニュース』一月下旬号に掲載された「出版流通対策協議会」会長の高須次郎氏による「出版流通対策協議会の課題」という論文の中で、再販弾力運用と複合出版物の価格表示に関する見解に同意できない部分があるので反論を述べることにしたい。

「当面再販制度の見直しはない」について

再販制度を巡る動きの中では、〇六年一二月八日の出版流通改善協議会主催の「再販関連説明会」のまとめとして、私が「公取委が再販制度をなくさないと約束してくれたことが一番の収穫」と発言したように書かれているが、「再販制度を見直さないと発言してくれたことが一番の収穫」と言ったのが事実である。「当面」という言葉が抜け落ちていたが、公取委猪俣課長補佐の発言を引用したまとめなので、お聞きになっていた多くの関係者は、高須氏のようには受け止めなかったはずだ。猪俣課長補佐が「再販制度は当面見直す予定はない」と発言したのは、〇六年六月二三日に開催された「著作物再販協議会」の議論の中で野口取引企画課長（当時）が、非常に丹念に出版業界の再販弾力運用について報告・評価をし、それを受けて複数の委員からの評価の意見が出ていたことと無縁ではない。「当面見直す予定はない」が重要な意味を持つのは、高須氏が書いているように「二〇〇一年三月に著作物再販制度を当面存置するとの結論を得た。

その結論を五年やそこらで反故にして、見直し作業に入るなどということはあり得ない」と猪俣氏が昨年一月流対協三役に語ったという箇所からも明らかだ。つまり改めて猪俣氏は、現時点から数年程度「見直しはしない」というニュアンスで語ったと解釈していい。それを収穫と表現してもいいのではあるまいか。

「弾力運用と再販制度の存続は直接関係ない」という点についてだが、公取委は弾力運用をしているから「再販制度を存続させる」とはこれまでも発言してはいない。そもそも公取委の立場は二〇〇一年三月二三日に「著作物再販制度を当面存置させる」と公表れた際、「競争政策の観点からは著作物再販制度は廃止するべきだが、同制度が廃止されると書籍・雑誌及び音楽用ＣＤ等の多様性が失われ、また、新聞の戸別配達制度が衰退し、国民の知る権利を阻害する可能性があるなど、文化・公共面での影響が生じる恐れがあるとし、同制度の廃止に反対する意見も多く、なお同制度の廃止について国民的合意が形成されるに至っていない」ので、「当面存置」としたのであった。そして「今後とも著作物再販制度の廃止について国民的合意が得られるように努力を傾注する」と明言しており、これが公取委の基本的な立場であろう。

### 是正六項目の取り組み

その上で「著作物再販制度」を利用する関係各業界に対して、「消費者利益保護の観点から、特に次のような点について是正措置を講ずるように求め（是正六項目）、その着実な実現を図っていくこととする」（一九八八年三月三一日の公表文より）と言っているのである。是正六項目は次の通り。

○時限再販・部分再販等再販制度の運用の弾力化
○各種の割引制度の導入等価格設定の多様化
○再販制度の利用・態様についての発行者の自主性の確保
○サービス券の提供等小売業者の消費者に対する販売促進手段の確保
○通信販売、直販等流通ルートの多様化及びこれに対応した価格設定の多様化
○円滑・合理的な流通を図るための取引関係の明確化・透明化その他取引慣行上の弊害の是正

これら是正六項目は二〇〇一年三月の「再販存置」の際にも「公表文」に盛り込まれ

現在に至っている。そして毎年開催されている「著作物再販協議会」では、公取委がこれら各項目を関係業界がどのように取り組んでいるのか必ず報告をしているのである。

昨年は相賀氏の報告を受けて、委員の一人は出版・音楽両業界は非常に前向きな対応をされ、この（著作物再販）協議会が消費者利益のために正常に機能したのだと評価をしている。現在の弾力運用による出版物の売り上げは、どう多く見積もっても〇・〇何%というレベルであろう。しかし読者の求めることに対応してきた結果、著作物再販協議会で学識経験者、消費者団体関係者、ジャーナリスト等が「出版業界における再販制度の弾力運用は消費者利益のためになっている」という評価をしている以上、ただちに「再販制度見直し」という方向にはつながるまい。

## 弾力運用について

さて「弾力運用を全く行わない場合」はどうなるのだろうか。当然見直しの検討が開始されるかもしれないが、「著作物再販制度廃止」をするためには、法改正が必要となり、公取委にとっても大変な作業になるはずである。しかし気をつけなければいけないのは、

「値幅再販」（フランスでは五％まで値引き可）、「時限再販」（すべての書籍や雑誌が一年とか二年で再販がはずされることもある）を導入することは、法改正を伴わずに公取委の権限でできるのだ。

弾力運用は読者が求めており、公取委の判断に影響力を有する「著作物再販協議会」の委員も同様である。弾力運用を猪俣氏がどんどんやらせようとしているとは思えないが、これまでの経緯で言えば公取委は出版業界が抱える諸問題についても理解を示し、出版業界が健全に発展していくという観点についても理解が深まったと判断している。そして「読者のための再販制度」にとっては、どのような弾力運用が必要なのか、また出来るのかということについて、われわれの主張にも耳を傾けてきたのが実態である。

出版物と非再販商品（ＤＶＤやＣＤ－ＲＯＭ等）のセット商品（複合出版物）の価格表示について言えば、「定価」表示をして価格拘束ができる著作物は、書籍、雑誌、新聞、レコード盤、音楽用ＣＤ、音楽用テープの六品目に限定すると公取委は二〇〇一年三月二三日の「公表文」の中で明らかにしている。著作権法上の著作物とは異なるが、ここを出発点としてきた以上再販制度を適用できるのはこの六品目という解釈しか成り立つまい。

## 非再販商品と価格拘束の問題

その上でセット商品について言えば、雑誌にせよ書籍にせよ付録として許容されるのは、景品表示法に基づいて売価の一〇％（現在は二〇％）以内ということになる。これを超えた場合、非再販商品まで価格拘束することになり、独占禁止法上無理があるのではないか。書籍や雑誌と非再販商品のセット商品で「定価」で価格拘束できないものについては、一部の小売段階で値引きが行われたとしても仕方ないと割り切らざるをえない。

付録の範囲を超えたセット商品について、価格拘束が法的に可能な根拠を示してもらいたいものだ。二〇〇一年七月三一日付け「内閣答弁書」は公取委の「公表文」についての解釈を示しているが、価格拘束ができるものとできないものに関して、「内閣答弁書」を根拠にするのは無理がある。独占禁止法上どういう理解が法的に有効なのか、慎重に考えた方がいいと判断する。

トレーディングスタンプについて言えば、あくまでも景品の問題であるが、ポイントカード（値引き類似行為）と区別するために、このような名称にしたということだ。実質は景品提供型のポイントカードであるが、問題は景品と金券（値引き類似行為）を抱き合わせて提供した場合は、景品と解釈されるという公取委の見解だ。厳密に言えばそのうちの値引き類似行為である金券は、各出版社の判断にもよるが、再販契約に抵触する恐れもある。ただし一％程度のものに対して（ささやかなお楽しみ程度と言える）出版社が罰金や品止め等の措置を取れるのかどうか、難しい判断が求められている。独禁法二三条前文の「一般消費者の利益を不当に害することになる場合」に該当するかどうか、各出版社なりに考えなければならない問題だ。公取委の見解では、低率のポイントカードまで禁止することはここに抵触するとの見方もできるとのことである。

出版界はまだ不況から脱出できずにいる。再販制度の的確な運用を含めて、業界全体をどう上向かせていくか、現在こそそのことが深刻に問われている状況である。最終的には読者をどうやって出版物の購入へと向かわせることができるかということに尽きる。まだまだ努力と工夫の余地はあるはずだ。

（『出版ニュース』二〇〇七年二月下旬号）

## 3　「35ブックス」から見た「責任販売制」

### 「責任販売制」という言葉

二〇〇九年末に業界紙を読んでいたところ、有隣堂の松信社長がある出版社のパーティで「責任販売という言葉は大嫌い。一冊売ってなんぼの世界。本を売る責任を放棄するやつはいない。責任販売制ではなく、責任出版制だ。出版社が責任を果たしていない」と発言をされたという。こういう「責任販売制」への批判はある意味で当たっていると思う。

そもそも返品の激増、そして書店マージンの改善をどうやって実現するのかという業界が抱えている課題を解決するために、一昨年の秋小学館が『ホームメディカ』を「責任販売制」と通常の条件とどちらかを選択できるという画期的提案を行ったことに端を発する。この企画ではＲＦＩＤ（ＩＣタグ）を書籍に装着して、そこに書きこまれたデータを解析することによって、どちらの条件か、そしてどこの書店に送った本か等を識別できることが、業界としての初の試みであった。いわば近未来の物流改善はこの方法を目指すべきであり、どの本がどこの書店へ何冊配本され何冊返品になったかが分るという優れたシステムである。同時に「万引き防止策」の決め手にもなるし、書店の棚卸し、あるいは出版社の在庫管理など、現在の物流の限界を突破できる願ってもない武器である。問題はコストが高いこと、インフラ整備にお金と時間がかかることであろう。しかし小学館の先を見越した提案は、出版界に衝撃を与えるものだったし、「一物二条件」という現在の物流では困難なことがあっさりと実現できることが驚きであった。

ここで使われた「責任販売制」という言葉は、松信社長だけでなく書店人からは、あまり評判が良くないのである。何やら本が売れないこと、その結果としての返品増の「責任」を書店に押し付けているような語感があり、返品増の解決のための方策も、書店側に「責任」を持たせるように響くということだろうか。

実際返品が増えている原因の一つに、出版社の安易な企画と、過剰な製作部数があることを忘れてはならない。とりわけ「出版不況」が深刻さを増すと、こういうケースが増加しているようである。このことが見落とされている面が無くもないので、松信社長は「責任出版制」こそ必要だと発言されたのではないかと想像する。

次に販売会社（以降「取次店」という）からの送品の仕方にも、依然として改善すべき部分が残されているという指摘は、少なからぬ書店人からなされている。その上で、売れ残った本は返品できる「委託制」に安住してきた書店側の問題も問われているのだと思う。

「責任販売制」という言葉はいつ頃から使われているのか調べてみたら、未來社の創業者である故西谷能雄氏の『出版とは何か』（一九七二年刊）の中で、「責任販売」という言葉が使われていることが分った。内容については現行の方法とやや異なるが、考え方は基本的に同じといえよう。また同書に引用されている『出版ニュース』（一九六七年五月中旬号）の巻頭記事のタイトルが「返品撲滅への道」であり、一九六六年の書籍返品率がすでに三六・七％もあり、「この無駄は根本的にいえば返品を認める『委託制度』ということになるのだろう……」という指摘がなされていることは興味深い。四〇年以上前から出版界は同じ問題を抱えていたことが分るし、解決策を模索し続けていたことも見えてくる。しかし決め手が見つからないまま今日に至ったのだし、好況期のそれと「出版不況」が深刻さを増した現在とでは、「返品増」の意味が異なるだろう。実際四〇年前よりも書籍の返品率は六％ほど悪化しているのである。「返品」を減少させ、同時に書店経営の改善につながる販売方法を、何十年も前から出版関係者は「責任販売制」と呼んでいたようであり、いい言葉が見出せるまでは、括弧をつけて「責任販売制」という使い方をせざるをえないだろう。

## 「35ブックス」の中間報告

小学館の成功事例を受けて、私は一昨年（二〇〇八年）の一二月四日に開催された書協の「再販説明会」の挨拶の中で、出席している多くの出版社の幹部に向けて、返品減少と書店支援のために「時限再販」を活用した「責任販売制」を検討したらどうかという呼びかけを発した。しかし多くの出版社が厳しい状況に置かれているときに、書店に多くのマージンを提供する企画はそう簡単には出てこないだろうとも予測した。そこで年が明けた昨年一月に、勉強会仲間の出版社に「責任販売制」を具体化するための「研究会」を呼びかけた。およそ二〇社が参加したが、最終的には八社が「35ブックス」に参加し、一一月上旬に発売するに至った。

大手出版社と異なり、中小出版社は宣伝力も販売力もないので、どういう書籍なら「責任販売制」を出来るかということが最大の壁であった。私が提案したのは、名著の復刊を「責任販売」で行うということだった。過去の実績のある本は、品切れ期間が長いと読者が再生産されることが経験的に分っていたので、適正部数（数百から千部程度）の復刊なら、小さなビジネスとして成立すると判断した。六社がこの方式を採用し、残り一社は在庫品、あと一社が新刊で対応することになった。その結果二六点（四六冊）が集ったが、ジャンルが多岐に渡るため、ブックフェアという形には出来なかった。

この企画を共同販売方式にした最大の理由は、業界の注目を集めるためであり、読者にアピールするためであった。次に通常の取引条件とは異なる取引となるので、取次各社との交渉は合同で行う方が問題解決には有効だろうという判断も働いたのである。実際蓋を開けてみると、これまでの取次各社のシステムでは、書店のマージンを多くすることを正味改定で行うことが想定の範囲外であることが分ったのだ。つまりこれまではバックマージンの支払いで各出版社は対応してきたし、取次もそういうものだと認識していたらしい。しかしスリップ報奨等のバックマージンによる支払いは、膨大な軒数の書店に送金する手間とコストを考えると、中小出版社には耐えられるものではない。正味を下げ、そのことを伝票上で処理してくれれば解決すると想定していたら、現行の各取次のシステムでは対応できないことが分った。最大の原因は「一本正味」を採用している書店が相当数あることだった。様々な出版社の高い正味と低い正味の本が混在して取次には入ってくるのだが、「一本正味」で契約している書店には、あるパーセントの正味一本に纏められて送品されるのである。したがって三五%マージンを提供しようとしても、これまでのシステムではその正味が反映されなくなることが分った。粘り強い交渉の結果、今回は特別の作業でこの問題をクリアするが、近々システム変更をして今後対応すると表明した取次もあったので、これからは中小出版社が一社単位で「責任販売制」の交渉をしても大きな問題は生じないだろう。

「朝日新聞」をはじめ、新聞テレビ等にも大きく取り上げられたので、注文はかなり集まるという期待を持ったのだが、発売直前には平均して作り部数の三〇%程度しか受注ができなかった。この時点の情報を聞いた方々は「35ブックス」は失敗と判断されたかもしれないが、配本直後一番多くの追加注文が集まった版元は、一ヶ月で製作部数対比で七〇%にまで達し、近々完売になるものと思われる。ちなみに筑摩書房では一二月末で総売上率が六二%となっており、あと三~四ヶ月で完売までこぎつけられると予想している。一番事前受注の少なかった社でも、一年程度で完売できると判断しているので、各社最低のハードルはクリア出来つつあるのではないかと思われる。しかしながらもっと短期間で完売あるいは重版にこぎつけられないと、ビジネスとしての「旨味」は小さいというのが正直なところかもしれない。

特に問題としては各社の新聞広告、ＰＲ誌、ホームページ等での宣伝に対する客注の比率が高く、読者からの問い合わせに驚いた書店の担当者が、もう少し多く事前に注文しておけば良かったという判断を示した事例もあった位である。

復刊は小さいが確実な需要が見込まれるので、販売力のある書店（外商も含む）とどういう本を選定するか、もうちょっと突っ込んで相談をするべきだったかもしれない。

さらに「ブックフェア」で同ジャンルの書目をまとめるとか、あるいは図書館向け企画を何本か揃えるとか、書店・取次とより緊密に書目の選定について相談をする必要があったかもしれない。

また歩安入帳の率についても、どの程度であれば返品抑制効果が出るのか、さらに詰める必要があるのかもしれない。

最終的には今春ある程度販売に目処が立ったところで、参加した八社全体の総括を行うことになっているので、その時点まで正式な報告は待っていただきたい。

## 今後に向けて

一昨年（二〇〇八年）の一二月に私が提案した「責任販売制」の形は、時限再販と買い切り条件と高マージンをセットにし、新しい形の「責任販売」を実施するというものだった。しかしながら「買い切り」条件に対する反発が予想以上に強かったので、共同販売企画としての「35ブックス」は買い切りではなく、定価販売、高マージン、歩安入帳の組み合わせで対応した。ところが書店人の中から買い切りでもやり方次第では出来るという意見が出てきたので、私の当初提案を再度説明したところ、「その方式は可能だ」という答えが返ってきたのである。それを受けて『幕末　写真の時代　第二版』（定価一万二千六百円・三月発売）は、時限再販（二〇一〇年八月末まで）、買い切り条件、書店マージン四〇％で販売を実施することに決定し発表した。折からの幕末・明治維新ブームもあるので、三百点を超える貴重な写真を収めた本書を改訂し、第二版として発売することにした。

八月末を過ぎても自信のある書店は定価で販売していただいて構わないし、または在庫品の処分としてバーゲンをすることでも構わないのである。四〇%マージンなので、二〇%引き、三〇%引きでも手元にマージンは残るのである。どういう結果になるか、「責任販売制」の今後のありようを考える上で、大いに関心を持って販売に臨んでいる。

時限再販にしたのは、再販制度とのマッチングもいいだろうと判断したからである。最初から非再販である部分再販は、場合によっては割引合戦のような事態にもなりかねないので、長年に渡って定価販売に馴染んできた出版業界には当初の価格拘束がある（期間は半年程度から一年半程度までか）時限再販の方が、扱い易いと思われるのである。

さらに当初から再販品とは認められていないもの、筑摩書房の例では「文庫手帳」が該当するが、これまでは他の文庫と同一正味で取次へ搬入してきた。その結果、毎年二万部程度搬入すると、五千程度が翌年返品になり、在庫処分としてのバーゲンは皆無だったようだ。そこで本年からは書店マージン四〇%として、在庫品をバーゲン処分が可能にしたいと考えている。同時に手帳売り場にも置き場所を広げていただき、増売につなげられればという思いもある。

その他当社としては本年創業七〇周年を迎えるので、「七〇周年ブックフェア」を「責任販売制」で実施することなども検討したい。

## 最後に

「責任販売制」はまだ取り組みが開始されたばかりである。一部の書籍だけ条件が改善されても、返品減少や書店のマージン改定には効果がないという意見も少なからずある。しかし様々な制約から、一挙に劇的な変化を実現する事は不可能に近いのではないかと考える。試行錯誤をしながら、どういう「責任販売」がいいのかを見出していくこと、そして成功例を少しずつでいいから積み上げていくことが重要だ。

大手出版社の企画だけが成功してもだめなのだと思う。中小出版社もそれなりのビジネスとして取り組める方法を見出していくべきだ。ビジネスモデルが出来上がれば、取り組みは増えるはずだ。今は取り組みが開始されたばかりである。だからこそ、書店・取次・出版社そして出版関係者は、出版不況を脱出する一つの道としての「責任販売制」への提案や助言等を引き続きお願いしたい。

たとえば、返品率が五%下がればだいぶ事態は改善される。一〇%だと更に成果は目覚しいものとなるはずだ。したがって一書店が各出版社の返品を減少した場合、それに対応した報奨金のような仕組みもあり得るだろう。ただし、返品の正確な実態をどうやって把握できるのかが大きな問題として横たわっている。ＲＦＩＤ（ＩＣタグ）が全商品に装着されれば、このようなことは可能になるはずだが、今から用意ドンで始めたとしても、実現まで数年から十年はかかるだろう。そこまで待てないのが現状なのではないか。だとすれば、一つ一つ実現可能なところから手をつけるしかないのではないか。

　このまま何もしないのでは、業界全体がさらに悪くなるだけである。しかし前向きに努力をすれば、必ず道は開けるものと思う。先進国にはそういう事例がいくつかあるのだ。業界をあげて頑張ってみようではないか。

（『出版ニュース』二〇一〇年一月下旬号）

# あとがき

小田光雄氏のロングインタビューを受けたのが、「東日本大震災」直後の四月二日でした。当然のことながら、「今後の出版界はどうなるのか」という質問をされ、本文中で私はかなり危機感に溢れた回答をしています。その後の推移を見てみると、紙やインクの問題は、製紙会社やインクメーカーの努力もあって、パニックにはならないで済みました。また取次会社の尽力のお蔭で、物流も比較的早く正常に戻りました。こういうところにも日本人の勤勉さ、そして底力のようなものが垣間見て取れます。

しかし何よりも驚いたのは、六月中旬に被災地にお邪魔して、書店や図書館の方々と話をしたときでした。当初電話でアポイントを取った際には、書店人も図書館の人もおしなべて口が重いという印象を持ちました。しかし現地へ行ってお話を伺い始めると、皆さん堰を切ったように震災当日のこと、そしてその後の復旧のことなどを語ってくれました。

私が訪れたのは、仙台市と石巻市でしたが、どこの書店でも前年比で五〇パーセントから一〇〇パーセント増の売り上げをその時点でも達成されていました。震災後やっとの思いで開店にこぎつけると、どっと読者が入ってきて、それこそ飛ぶように本が売れたそうです。週刊誌などはバックナンバーも含めて、あっという間に完売したというから驚きました。

河北新報社発行の写真集「巨大津波が襲った」は五〇万部を超えるベストセラーですが、どこの書店さんでも大量に平積みになっていました。一人で五冊、一〇冊とまとめ買いをされるお客さんも多かったそうですが、お見舞いに対するお礼状にこの本を添えて送る人が多かったとか。そしてこういうベストセラーばかりではなく、あらゆるジャンルの書籍や雑誌が売れ続けたと聞きました。

全国的には相変わらず売れ行きは前年割れの状態が続いていますが、被災地の書店はいまだに売れ行きが好調と言われています。人は極限状態に追い込まれたとき本当に必要なものを求めます。今回活字の世界が久し振りに被災地で見直される結果となりましたが、私たち出版界で仕事を続ける者にとって、ここに希望を見出せるような気がしてなりません。

石巻市立図書館の館長さんのお話では、図書館が避難所となり多くの被災者を受け入れたそうです。私が訪問したときもまだ数十名の被災者の方々が図書館の二階の部屋にいました。そうした被災者の方々は避難後少し時間が経過すると、図書館の本を読んでいいかと図書館員に聞き、許可をもらうと多くの人たちが本を貪るように読んだということでした。

こういう大災害が起きた後は、「図書予算」は真っ先に削られるらしいのですが、そして石巻市立図書館の館長さんも覚悟していたそうですが、何と今年度の図書予算は前年と全く同額だったそうです。市の幹部の人たちも、被災者の方々が本を一心不乱に読む姿を見て、こういう措置を取ったのではないかと想像しました。

被災地の書店や図書館を元気づけようという思い、というか思い上がった気持ちをどこかに持ちながら私は現地入りをしましたが、逆に書店人・図書館人に大変勇気づけられ、元気をもらって帰ってきた旅だったと思います。

現地を見て、大変な経験をした方々のお話を直接聞くことによって、今後どのように復興に力をお貸しし、行動すればいいのか少し分かったような気がしました。

私が仕事をする際のモットーは「現場を知る」ことです。分からなくなったら現場に行き、しっかりと現場を見ることです。会社の経営にたずさわるようになってからも、この考え方を変えずに突っ走ってきて正解だったと思います。

実は筑摩書房が「倒産」した直後、一瞬逃げ出そうと考えたときがありましたが、いい仲間たちに引き留められ、四十年以上筑摩書房に在籍をして仕事を続けてきました。社内外を問わず、いい仲間に恵まれたお蔭で、何とか仕事を全うでき、そろそろ「卒業」のときを迎えようとしています。

そのような矢先、昔からの知り合いで同い年でもある、論創社の森下社長から声をかけられました。インタビューをするのはやはり長い付き合いの小田さんとお聞きして、逃げられないなと思いました。お二人のお蔭で「卒業論文」めいたものができたようです。お二人には心から感謝申し上げます。

なお、巻末の「付論」は「鈴木書店倒産、再販制度弾力運用、『35ブックス』の実施」をめぐって、『出版ニュース』に寄稿したものを収録しています。

二〇一一年一〇月

菊池明郎

**菊池 明郎**（きくち・あきお）

1947年、東京生まれ。

1971年、国際基督教大学教養学部卒業、同年、筑摩書房業務局営業部入社。

編集部編集第2部、営業部販売課長、取締役営業部長を経て、1999年、代表取締役社長、2011年、代表取締役会長に就任。

現在、日本書籍出版協会副理事長、出版梓会理事長、出版再販研究委員会副委員長、人文会会長などの任にある。


**営業と経営から見た筑摩書房——出版人に聞く 7**

2011年11月25日　初版第1刷印刷
2011年11月30日　初版第1刷発行

著　者　菊池明郎
発行者　森下紀夫
発行所　論 創 社
東京都千代田区神田神保町 2-23　北井ビル
tel. 03（3264）5254　fax. 03（3264）5232　web. http://www.ronso.co.jp/
振替口座　00160-1-155266
インタビュー・構成／小田光雄　装幀／宗利淳一
印刷・製本／中央精版印刷　組版／フレックスアート
ISBN978-4-8460-1077-5　